Margaret Tudor

Une romance du vieux Saint-Augustin

Annie T. Colcock

Writat

Cette édition parue en 2024

ISBN : 9789359947358

Publié par
Writat
email : info@writat.com

Contenu

NOTE.

Les noms de M. John Rivers,—parent et agent de Lord Ashley,—Dr. Wm. Scrivener et Margaret Tudor apparaissent dans la liste des passagers du *Carolina* , telle qu'elle figure dans les Shaftesbury Papers (Collections of the South Carolina Historical Society, Vol. V, page 135). Dans le même (page 169) on peut trouver un bref récit de la capture, à Santa Catalina, de M. Rivers, du capitaine Baulk, de quelques marins, d' *une femme et d'une jeune fille* ; également (page 175) mention de l'ambassade infructueuse de M. Collins ; et (page 204) le mémorial adressé à l'ambassadeur d'Espagne concernant la délivrance des prisonniers, dont l'un est appelé *Margaret* , vraisemblablement Margaret Tudor.

Les noms des deux Espagnols, Señor de Colis et Don Pedro Melinza , apparaissent chacun une fois dans les Shaftesbury Papers (pages 25 et 443) : ce dernier individu était évidemment une personne d'une certaine importance à San Augustin ; le premier, en 1663, était « gouverneur et capitaine général, cavalier et chevalier de l'ordre de Saint-Jacques ».

ANNIE T. COLCOCK .

L'HISTOIRE DE MARGARET TUDOR

CHAPITRE I.

San Augustin , ce 29 juin, Anno Domini 1670.

Il y a maintenant plus d'un mois que notre captivité a commencé, et il semble peu probable qu'elle se termine rapidement , - bien que , étant moi-même en bonne santé et à un âge où l'espoir meurt lentement, je ne désespère pas de récupérer. à la fois liberté et amis. Pourtant, dans le cas où nous continuerions à être détenus, si une maladie ou tout autre malheur pourrait m'arriver - et il y en a un qui menace - j'écris ces pages de la véritable histoire, en priant pour qu'elles puissent un jour parvenir entre les mains de mon tuteur et de mon oncle, Dr William Scrivener, s'il est encore en vie et habite dans ces régions. S'ils rencontraient plutôt le regard d'une personne amicale, de sang anglais et de foi protestante, à qui le nom de William Scrivener est inconnu, je le supplie de les livrer à toute personne naviguant avec le sloop *Three Brothers* , qui Il est parti de l'île de la Barbade le 2 novembre dernier, étant engagé par Sir Thomas Colleton et transportant du fret et des passagers pour ces côtes.

Si le sloop a subi quelque mésaventure (comme je le crains, ce n'est pas improbable), soit aux mains des Espagnols, soit aux mains des Indiens de ces régions, qui se montrent très hostiles à tous les Anglais, étant mis en danger par le frères espagnols), alors je prie pour que la nouvelle soit transmise à Sa Seigneurie, le duc d'Albemarle, et aux autres seigneurs propriétaires qui ont commandé et fourni une flotte de trois navires, à savoir : le *Carolina* , le *Port Royal* et le *Albemarle* , qui a levé l'ancre aux Downs en août de l'année dernière, et entreprit d'implanter une colonie anglaise à Port Royal.

En particulier, j'implorerais que cette nouvelle parvienne à Lord Ashley, étant donné que son parent, M. John Rivers, est ici détenu prisonnier dans un état lamentable, chargé de chaînes dans le donjon du château - ce que Dieu me pardonne, étant donné que dans une certaine mesure, à blâmer ; et pourtant, puisqu'il a plu au ciel de m'accorder le beau visage qui a commis le mal, je m'en tiens d'autant moins coupable et je m'afflige d'autant plus amèrement, que je l'aime d'un véritable amour de jeune fille et que je donnerais volontiers ma vie pour l'épargner. blesser.

Si c'était pour que je puisse raconter le véritable récit de notre situation actuelle et comment elle s'est déroulée, sans encombrer le récit de la mention de mon propre nom, cela me plairait le plus ; mais comme ceux qui le lisent peuvent être des étrangers, je ferais mieux de raconter mon histoire depuis le début.

De moi-même, il suffit de dire que je m'appelle Margaret Tudor, et, à l'exception de mon oncle, le Dr Scrivener, je suis seule au monde et presque sans part, mon père ayant tout dépensé, y compris sa vie et sa liberté, dans au service du roi Charles, étant un de ces malheureux royalistes qui complotèrent pour le retour de Sa Majesté en 1955. Car, comme Cromwell découvrit leurs projets avant qu'ils ne soient complètement mûrs, beaucoup furent faits prisonniers, dont certains furent tués et d'autres bannis. Parmi ces derniers se trouvait mon père, qui fut arraché des bras de sa jeune femme et de son bébé et envoyé en esclavage à la Barbade . Nous ne pouvions rien savoir de son sort ultérieur, bien que de nombreuses enquêtes aient été faites en sa faveur.

Et c'est ainsi que , ma mère étant partie se reposer, j'ai pris le passage avec mon oncle, le Dr William Scrivener, à bord du *Carolina* , avec l'intention de m'arrêter à la Barbade et de faire quelques recherches pour mon pauvre père dans l'espoir qu'il a encore vécu.

Parmi les passagers du *Carolina* se trouvait le parent et agent de Lord Ashley, M. John Rivers, dont je ne trouve rien à dire qui semble approprié ; car bien qu'il puisse arriver que dans ce grand monde il y ait d'autres hommes d'un visage aussi beau, d'une mine aussi noble et d'un cœur aussi courageux et tendre, il n'a pas encore été mon lot de les rencontrer.

Ensemble, nous avons navigué pendant trois mois sur les grands fonds, au péril des pirates, au péril des tempêtes, et dans de longues heures de calme doré où les eaux brûlaient en bleu autour de nous et le vaste ciel brillait pâle et clair au-dessus de nos têtes. Et pendant tout ce temps, nous avons fait connaissance; et M. Rivers a entendu l'histoire de mon père et a promis de nous aider dans nos recherches.

C'était en octobre lorsque nous avons atteint la Barbade et débarqué. Il est inutile de parler ici des nouvelles que nous avons reçues et du hasard étrange qui les a portées à nos oreilles. Il suffit que mon cher père n'ait pas souffert longtemps, car la mort l'a bientôt libéré de son esclavage.

Nous n'avions plus aucune raison de nous retenir à la Barbade , nous cédâmes donc aux persuasions de M. Rivers que nous devions continuer l'expédition à Port-Royal ; et, en novembre, nous repartîmes à bord du *Trois Frères* , sloop loué pour remplacer l' *Albemarle* , qui, à la suite d'un câble rompu, avait été rejeté à terre par un coup de vent et perdu sur les rochers.

À partir de maintenant, pour l'amour de la vérité, je dois parler un peu de mes relations avec M. Rivers. Il me semble peut-être manquer de modestie si je déclare que, même alors, il y avait plus que de l'amitié entre nous. Mais il y avait sûrement des raisons suffisantes et abondantes. Que je l'aimerais n'était pas un mystère : il est le brave gentleman qu'il est ; et comme il n'y avait sur le navire aucune autre servante d'un âge convenable et d'une condition douce, je suppose qu'il était dans sa nature qu'il devait tirer le meilleur parti de la petite société qu'il avait. Mais non, je trahirais ma propre foi si je doutais qu'il ait été préordonné du Ciel que nous nous réunissions et nous aimions les uns les autres.

Il est vrai que je n'ai avoué cette croyance qu'après avoir tourmenté mon futur seigneur avec tous les moyens de taquinerie qui entraient dans mon cerveau. Mais même s'il était souvent abattu pendant des heures ensemble, il m'a fait comprendre qu'il pouvait lire mon cœur dans mes yeux bleus.

" Si vous juriez sur votre âme que vous me détestiez, chère dame, je ne le croirais pas", a-t-il dit un jour. "Maîtresse Margaret est trop étrangère aux habitudes citadines et aux coquetteries superficielles pour jouer un rôle - et c'est pour cela que je l'aime tant." Et même si cela me mettait en colère de l'entendre vanter mon innocence et mes airs country, je savais qu'il disait la vérité et qu'un moment viendrait où j'avouerais mon amour pour lui. Et c'est ce qui s'est produit.

Une terrible tempête faisait rage depuis quarante-huit heures. Il y avait eu des nuits sauvages, noires et horribles, et des jours maussades où les rideaux gris du ciel étaient déchirés et tournoyaient sur nous en plis d'encre, leurs franges en lambeaux fouettaient les mers et fouettaient notre frêle écorce jusqu'à ce qu'elle se cache et se recroqueville, comme un chien battu qui cherche en vain sa miséricorde. Nous avions dérivé vers le nord, loin de notre route, nos deux épouses avaient disparu, et nous avions presque perdu espoir, quand, à l'aube du troisième jour, le vent s'est calmé et, à travers les nuages déchiquetés, nous avons vu l'arc bleu du ciel très haut. dessus de nous.

J'étais monté seul sur le pont ; et depuis un coin abrité, j'ai vu le soleil se lever et dorer une bande de rivage lointaine qui s'étendait à l'ouest de nous. Cela ressemblait à une vision d'un nouveau ciel et d'une nouvelle terre, et j'ai rendu grâce à Dieu. Puis une main toucha la mienne et une voix murmura mon nom – ainsi que d'autres mots qui n'ont pas besoin d'être enregistrés ici ; et je ne pouvais rien répondre par le déni, parce que mon cœur était trop plein.

CHAPITRE II.

LA terre à l'ouest de nous était la Virginie, et nous avons cherché le port de Nancemund et y sommes restés quelques semaines pour les réparations nécessaires sur le sloop, qui a également été réapprovisionné pour son prochain voyage.

Nous étions alors au mois de février ; nous avions fait six mois de voyage, et la terre promise était encore loin.

Cependant, mon histoire a tendance à s'étendre trop longuement, je dois donc me hâter vers l'histoire de notre captivité.

Malgré un temps assez beau, en nous dirigeant vers le sud, nous avons dépassé d'une manière ou d'une autre la latitude du port de Port Royal ; et un samedi de mai, le quinzième jour du mois, nous jetâmes l'ancre dans une petite île de la côte, afin d'obtenir du bois et de l'eau pour les besoins du sloop.

Cette île est sur le territoire des Espagnols, qui l'ont baptisée Santa Catalina. Il se trouve à quelques jours de voyage au nord de San Augustin ; je ne connais pas la latitude exacte, bien que je l'aie entendu plus d'une fois ; mais il y a des choses qui ne restent jamais dans le cerveau d'une femme.

Ici apparurent de nombreux Indiens, qui ne parurent d'abord pas hostiles, et nous adressèrent des paroles de bienvenue en langue espagnole.

De nombreux échanges commerciaux se faisaient à bord du sloop, et les barbares semblaient étrangement satisfaits des colliers de perles dérisoires et des vêtements de rebut de l'équipage, donnant à leur place de la bonne nourriture et des peaux de cerfs sauvages habillées douces et fines.

Le deuxième jour de notre séjour, M. Rivers, avec le capitaine du navire et trois matelots, descendit à terre avec tout ce que désiraient les Indiens, pour échanger du porc et d'autres provisions ; et comme c'était un lundi matin, dame Barbara avait bien envie de prendre congé pour prendre sa lessive et aller avec eux, dans l'espoir de trouver une eau plus douce pour nettoyer le linge.

C'était tôt le matin ; la brise de la terre soufflait douce et parfumée, et les bois au-delà de la plage de sable bourgeonnaient de nouvelles feuilles vertes et tendres. J'aspirais à l'odeur de la terre chaude et à la cour mélodieuse des amoureux des oiseaux dans les fourrés ; alors j'ai prié mon oncle de me laisser débarquer avec la dame. Il y accéda assez volontiers ; mais M. Rivers, qui est toujours trop inquiet quand ma sécurité est en jeu, m'a conseillé sincèrement de ne pas quitter le navire.

J'ai toujours été une servante entêtée, et le soleil et le parfum des fleurs lointaines m'avaient rendu presque fou de désir ; je l'ai donc vivement réprimandé pour sa prudence et je l'ai joyeusement averti de se méfier de la façon dont il cherchait à couper les ailes d'un oiseau libre. Je l'ai donc fait, même s'il m'a souri et secoué la tête ; et quand nous nous séparâmes tous au point d'eau, il semblait encore inquiet et, regardant en arrière par-dessus son épaule pendant que je lui disais adieu, il me supplia de ne pas m'éloigner plus loin du rivage.

La petite source où ils nous avaient laissés jaillissait, froide et claire, au pied d'un grand cyprès, et coulait de là en un petit ruisseau, simple fil de cristal, qui s'enroulait dans le buisson bas et serpentait son chemin. impuissant à travers le pays plat et boisé, comme s'il cherchait une pente douce qui le mènerait à la mer.

La dame rinça son linge jusqu'à ce qu'il soit assez brillant et l'étendit pour le faire sécher dans un coin ensoleillé ; pendant que j'étais allongé sur la terre chaude et que je remuais les feuilles brunes et humides qui avaient dérivé dans un petit creux, et trouvais en dessous une petite vigne verte avec de petites fleurs étoilées blanches qui clignotaient au soleil et à moi. Et je rêvais de la nouvelle maison que nous nous ferions dans ce pays lointain, et de la très bonne et docile épouse que je serais pour mon cher amour. Puis enfin , — parce que j'étais las de la perspective d'une très grande obéissance dans l'avenir, et parce que aussi je pensais qu'il était grand temps que mon vaillant gentleman revienne me demander comment j'allais, — je me levai de terre. » commença, sortant la dame d'une douce sieste.

"Regardez, Barbara ! le linge est sec ; le soleil se dirige vers l'ouest et les ombres s'allongent de plus en plus. — C'est très étrange que M. Rivers et le maître ne soient pas revenus !"

"Peut-être qu'ils nous ont complètement oubliés et sont retournés seuls au navire", gémit la vieille femme en se frottant les yeux endormis et en commençant aussitôt à coasser le malheur, à la manière de sa classe.

Une telle idée dépassait toute croyance et me faisait sourire. J'ai posé mes paumes creuses derrière mes oreilles et j'ai écouté.

Maître Vent, passant à travers la cime des arbres, avait fait chuchoter chaque feuille et hocher la tête à ses commérages, tout comme le colporteur qui traverse le village chez lui incite toutes les femmes à bavarder des dernières nouvelles. de toute la campagne. Dans le fourré à côté de nous, un chœur de chanteurs à plumes gazouillait, chacun essayant de surpasser son voisin ; mais un gaillard impertinent jouait la mélodie la plus joyeuse de toutes, mêlant dans un mélange délicieux les notes les plus douces de toutes les autres. Tout à coup, pendant que j'écoutais, il y eut un léger bruissement dans les sous-bois, et d'un bouquet de myrtes jaillit un petit lapin brun, qui leva un œil étonné vers moi et disparut de nouveau avec une série de bonds silencieux et un fouet terrifié. de sa petite queue blanche. Là-dessus, le rire dans ma gorge bouillonna ; J'ai laissé tomber mes mains et me suis tourné vers la dame.

"Rassemblez votre linge, bonne Barbara, et laissez-nous explorer le sentier nous-mêmes. Ils pique-niquent sans doute quelque part dans les bois au-delà, et c'est très discourtois de ne pas nous inviter à ce divertissement."

Elle aurait hésité au début : le linge ne devait pas être laissé, et pourtant il était trop lourd à porter ; son dos était fatigué et elle voulait reposer en paix. Mais Maîtresse Margaret était disposée à suivre sa propre voie et, divisant le paquet en deux, elle partit en avant avec la plus grande part ; de sorte que, s'il le veut, ni elle, la dame doit suivre.

Je savais, bien sûr, que je désobéissais à la dernière injonction de M. Rivers , et c'était cette pensée tout autant que les doux airs de la forêt qui m'attiraient : je désirais, par-dessus tout, voir le visage de mon vaillant gentleman quand il a découvert mon entêtement . Je me dépêchai donc d'avancer, m'arrêtant de temps en temps pour encourager la bonne dame et l'attirer encore plus loin avec des descriptions élogieuses de nouvelles beautés qui commençaient à apparaître.

Il se trouva donc que j'étais à environ quarante pas devant elle lorsque je tombai soudain sur la colonie indienne et que j'y vis un spectacle qui me fit arrêter le cœur.

Je me reculai précipitamment derrière le tronc d'un chêne aux larges branches, d'où je pouvais contempler — sans être vu, pensais-je — la ville.

Un grand rassemblement de barbares était rassemblé dans l'espace ouvert devant le bâtiment principal, qui était de dimensions considérables, construit en rond à la manière d'un colombier et entièrement couvert de feuilles de palmier nain. De nombreux bâtiments plus petits l'entouraient : un en particulier que j'aurais bien fait de noter ; car c'était sans aucun doute une sorte de sentinelle ou de tour de guet, placée sur de hautes poutres verticales qui lui donnaient une élévation bien plus grande que n'importe quelle partie du pays environnant.

Je n'avais d'yeux que pour une silhouette qui se tenait, les mains et les pieds liés, au pied d'une grande croix de bois plantée en face de l'entrée du bâtiment principal. C'était mon cher amour, je le reconnus sur-le-champ à l'équilibre fier de sa tête et de ses épaules. Il parlait avec son ton calme et courtois habituel au cercle de sauvages à moitié nus, qui semblaient l'entendre avec une considération respectueuse, bien qu'ils ne fissent aucun mouvement pour détacher ses liens.

A terre, à côté de lui, gisaient le capitaine du navire, le vieux capitaine Baulk, et les trois matelots, les bras solidement attachés. Près d'eux se trouvait le ballot de marchandises qu'on avait ramené du navire : il était grand ouvert et on le vidait sans scrupule de son contenu.

Pour le moment, je crus que c'était la vue des bibelots que contenait ce ballot qui avait éveillé la cupidité des barbares ; mais maintenant je crois le contraire. Les sauvages les auraient payés volontiers, en peaux et autres, et auraient ensuite laissé nos hommes partir en paix, si cet hypocrite à la langue douce, Ignacio, n'avait pas été derrière eux. Mais cela, bien entendu, m'était inconnu à l'époque.

L'idée m'est venue, comme un éclair, que nous devions aller chercher du secours au navire ; et je me tournai rapidement et fis signe à la dame de se taire. Il était cependant trop tard, car elle avait aperçu les sauvages et nos hommes liés au milieu d'eux ; et se tournant vers la droite avec un cri aigu, elle jeta le paquet de linge et repartit par où nous étions venus à une vitesse qu'elle n'avait probablement jamais égalée de sa vie auparavant. Je me précipitai après elle et la suppliai de se taire, de peur que les barbares ne nous entendent et ne nous rattrapent. Ma seule pensée était d'appeler à l'aide ; car, bien qu'il paraisse y avoir plus de deux cents Indiens, je croyais que notre poignée d'hommes, armés de mousquets, d'épées et de piques, suffirait à les terroriser immédiatement.

Nous avions à peine parcouru une centaine de mètres sur le sentier que quatre sauvages sortirent d'un fourré et imposèrent la main sur nous. Ils nous attendaient, cela ne fait aucun doute, il était donc évident que nous avions été aperçus quelque temps auparavant.

Barbara leur a résisté en poussant de nombreux cris sauvages, mais je me suis soumis en silence. « Ce n'était pas que j'étais plus courageux qu'elle, mais simplement que je ne pouvais pas croire qu'ils voulaient nous faire du mal réel ; et pendant tout ce temps j'étais possédé par la pensée qu'il y avait quelqu'un posté dans le bosquet qui dirigeait les actions des sauvages. Il me sembla que, tandis qu'ils attachaient nos bras derrière nous, leurs yeux roulaient toujours vers un certain myrte, comme s'ils attendaient un signal.

Nous fûmes immédiatement ramenés à la ville, et je n'oublierai jamais l'expression du visage de mon cher amour lorsqu'il m'aperçut.

"Margaret, toi aussi ! J'avais espéré que toi et la dame étiez en sécurité !" a-t-il crié alors que nos ravisseurs nous conduisaient à ses côtés.

« C'était toute ma volonté : je suis venu ici pour vous chercher », répondis-je en baissant la tête.

Il m'a regardé bêtement, puis a détourné la tête ; et je vis ses bras se tordre dans leurs liens. Un sentiment étrange m'envahit, mi-honte et chagrin de l'avoir autant affligé, et mi-exultation à l'idée que – quel que soit notre sort – au moins nous l'affronterions côte à côte. La peur avait la moindre place dans mes pensées alors que j'attendais, essoufflé, l'issue de cette étrange situation. Mes yeux parcoururent le cercle des barbares, et je remarquai avec un certain étonnement que nombre d'hommes portaient leur couronne rasée, à la manière d'une tonsure de prêtre.

L'un d'eux, qui paraissait plus important que les autres, commença à parler ; mais je ne pouvais rien comprendre de son discours, bien qu'il ait utilisé beaucoup de mots qui, à mon avis, avaient un son un peu espagnol.

Pourtant, M. Rivers comprit ce qu'il voulait dire, qui lui donna sur-le-champ la réponse, rédigée en espagnol, et prononcée avec une certaine chaleur et indignation.

Il y eut un émoi parmi les barbares, et bientôt un nouveau personnage apparut sur la scène. La couronne rasée, les pieds nus, la robe de laine grossière attachée par un cordon noué autour de la taille, tout dénotait un frère de l'ordre franciscain.

"Alors," marmonna M. Rivers, dans sa barbe, "maintenant nous avons affaire au vrai chef."

Le visage sombre du frère espagnol était à peine moins basané que les Indiens eux-mêmes. En s'avançant dans l'espace ouvert, il leva les yeux vers la grande croix au pied de laquelle nous nous trouvions, et aussitôt il plia le genou et se signa. Quelques Indiens firent également ce signe sur leur poitrine, quoique la plupart se continssent avec la même flegme qui les avait marqués dès le début.

M. Rivers a ri doucement et s'est tourné vers moi avec une lèvre retroussée. "Ce sont des chrétiens", dit-il.

L'Espagnol surprit le ricanement et un air renfrogné se dessina sur son visage grossier ; mais il l'arrêta brusquement et commença à s'adresser à nous d'une voix douce.

Le vieux capitaine Baulk s'était redressé et les matelots se tenaient tous dans une attitude d'attention tendue.

« Que dit-il ? J'ai demandé à voix basse à mon cher amour quand le frère s'était arrêté et s'était détourné de nous.

"Rien qu'un tissu de mensonges", s'est exclamé M. Rivers, les dents serrées. "Il voudrait nous faire croire qu'il est totalement irresponsable des agissements de ces 'banditos' ; mais il exercera toute l'influence qu'il a parmi les croyants de son troupeau pour obtenir notre libération, - j'aurais aimé que nous soyons tombés parmi les infidèles ! Ceux-ci peuvent n'ont appris de leur professeur que la tromperie. Ils nous ont trompés, sous prétexte de notre confiance la plus mutuelle, pour que nous déposions nos armes, puis sont tombés instantanément sur nous et nous ont fait captifs.

"J'aurais aimé retourner au navire et donner un avertissement," soupirai-je tristement. "Mais peut-être que certains d'entre eux viendront nous chercher."

"Maintenant, Dieu nous en préserve !" s'écria M. Rivers, "car ils tomberaient dans un piège. Certains de ces Indiens ont des mousquets et des munitions, et sont donc aussi bien armés que nos hommes. Si beaucoup plus d'entre nous étaient pris, il ne resterait pas assez d'hommes valides. faire naviguer le sloop. " Cela vaudrait mieux qu'ils s'abstiennent et attendent que les Indiens prennent l'initiative. Mon espoir est que nous pourrons traiter avec les sauvages pour obtenir une rançon, c'est- à-dire si le frère ne nous apporte pas de réel mauvaise volonté. Voyez, le voilà qui revient, avec sa langue grasse.

Les yeux fuyants et la bouche charnue de l'homme m'ont soudain empli d'une haine. La peur commença enfin à m'envahir et un petit sanglot me brisa la gorge.

Mon cher amour s'est tourné vers moi avec un regard rapide et chaleureux.

"Rassure-toi, chérie," murmura-t-il. "Il est trop tôt pour perdre courage. Allons, où est ma courageuse Margaret ?"

"Ici!" J'ai répondu et j'ai forcé un sourire sur mes lèvres tremblantes.

CHAPITRE III.

LE reste de la journée se passa comme un long cauchemar. Le frère nous fit transporter dans une cabane petite mais solidement construite, contenant deux pièces séparées par une mince cloison de peaux clouée à une rangée de montants verticaux. Ceux-ci étaient en bois équarri, tout comme le plancher, ainsi que la charpente extérieure et la plaque murale. Le toit et les côtés étaient recouverts de chaume ; et il n'y avait pas de fenêtre, seulement une ouverture carrée dans le toit qui laissait entrer la lumière et laissait également s'échapper la fumée lorsqu'un feu était allumé sur le sol.

À la tombée de la nuit, deux jeunes Indiennes entrèrent dans la hutte, où nous étions assis, attachés, le dos contre le mur.

Ils semblaient gentils et de manière douce, malgré tout leur costume bizarre, qui consistait en un jupon de longue mousse grise et des colliers de petits coquillages et de perles de diverses couleurs festonnés autour du cou.

Ils nous ont relâchés , Barbara et moi, ce dont nous étions extrêmement reconnaissants, car nos bras étaient devenus engourdis et douloureux. Nous avons fait signe qu'ils devaient également couper les liens des hommes, ce qu'ils ont refusé de faire. Pourtant, ils nous touchaient avec des mains douces et nous caressaient les épaules en signe de leur bonne volonté.

Après cela, ils apportèrent de l'argile humide et l'étalèrent sur le sol, y allumèrent un feu et l'allumèrent ; repartis, ils revinrent avec de la nourriture et la déposèrent devant nous, en faisant signe que nous, qui étions libres, devions nourrir les autres.

Pendant que je servais mon cher amour, qui faisait lamentablement semblant de jouir de mes soins, le frère entra dans la cabane, accompagné de deux autres qui étaient sans doute de sang mêlé espagnol et indien.

Ils portaient avec eux de lourdes menottes et des chaînes qu'ils attachaient à nos hommes, coupant les lanières de cuir qui les retenaient jusqu'alors.

M. Rivers a demandé à savoir sur quels ordres cela avait été fait.

" Car il semblerait que nos véritables geôliers ne soient pas les Indiens. Ces chaînes sont de forge espagnole. Est-ce à votre nation, padre, que nous sommes redevables de cette hospitalité urgente ? "

Le frère répondit longuement à cela, et ce qu'il dit parut mettre en colère nos hommes, qui éclatèrent en une volée de jurons aussitôt que nos geôliers eurent quitté la cabane. Je me suis tourné vers M. Rivers pour obtenir des explications.

"C'est bien ce que je pensais," dit-il, "et le frère est au fond de tout cela. Il soutient maintenant qu'en débarquant ici et en essayant de commercer avec les Indiens, nous avons commis une offense à la souveraineté de Saint-Domingue, ce qui revendique toute cette côte comme territoire espagnol. Ces Indiens, déclare-t-il, sont sous la protection de son gouvernement et ne sont donc pas libres de céder des biens à nous, Anglais, ni de recevoir des faveurs de nos mains, car de telles transactions seraient au préjudice des droits et de l'influence espagnols sur ce pays. C'est pourquoi il nous a réclamés aux Indiens et se propose de nous retenir prisonniers, en attendant la décision du gouverneur de San Augustin.

En regardant en arrière maintenant, il me semble qu'au cours de ces premières heures de notre captivité, j'ai vieilli de plusieurs années. Cette joyeuse matinée, avec ses humeurs volontaires et ses audaces joyeuses, retomba dans le passé et me parut aussi irréelle que les rêveries de mon enfance.

Nous avons dormi cette nuit-là, Dame Barbara et moi, sur un canapé moelleux et élastique de mousse entassé dans la petite pièce intérieure. C'est-à-dire que nous restons là en silence ; mais je crois que j'ai à peine fermé les yeux.

Le vent, soufflant à travers le chaume béant, attrapa le coin lâche d'une bande de peau ratatinée qui pendait sur la cloison grossière, et le fit osciller d'avant en arrière, avec un léger tap-tap, tap-tap, toute la nuit. Alors qu'il se tournait vers l'extérieur , je pouvais apercevoir fugacement le petit groupe blotti autour du feu mourant ; et pendant des heures, je restais allongé et j'écoutais le murmure sourd de leurs voix et le cliquetis et le cliquetis lourds de leurs chaînes.

Le vieux capitaine Baulk était d'humeur bavarde et il racontait aux oreilles des marins une horrible histoire sur la façon dont les Espagnols avaient massacré les premiers colons français sur cette côte.

" C'était il y a à peu près cent ans," bourdonna-t- il dans un murmure macabre. « Le campement de Ribault était sur la rivière May, quelque part dans ces latitudes. Ils étaient environ neuf cents en tout, dit-on, en comptant les femmes et les enfants ; sur un arbre pour les corbeaux... "

« Au nom de Dieu, taisez-vous ! » M. Rivers l'interrompit avec colère. « C'est déjà assez grave pour les femmes, comme les choses sont, et si elles entendent les contes de ces vieilles femmes, pensez-vous que cela leur facilitera le repos ? »

"Pas des contes de vieilles femmes, M. Rivers, mais le fait, monsieur, le fait sanglant."

"Silence!" murmura ma fiancée d'une voix qui me fit trembler, car il a un caractère brûlant quand on l'excite. "À moins que tu ne puisses tenir ta langue de mauvais augure, il y aura bientôt un autre fait sanglant entre tes dents!"

Un silence soudain tomba. Cela fut finalement brisé par mon cher amour, dont la nature généreuse se repentit bientôt d'une parole durement prononcée.

" J'étais trop pressé, mon bon Baulk ; mais je ne voudrais pour rien au monde que Maîtresse Tudor entende parler de ces horreurs. Et les temps ont beaucoup changé en cent ans. Mais cette inaction, cette inaction ! C'est terrible pour un homme. !"

Un gémissement réprimé accompagnait l'exclamation et mon cœur me faisait mal pour lui. Il doit en effet être difficile pour les hommes, habitués à décider de leur propre destin et à arracher à la fortune leurs désirs, d'être soudainement contraints de jouer le rôle d'une femme qui attend patiemment.

Le lendemain n'apporta aucun soulagement.

De la cabane sans fenêtre, nous ne pouvions rien voir de ce qui se passait au dehors ; mais environ une heure avant midi , nous entendîmes battre un tambour dans le village. Le son devenait de plus en plus faible, comme s'il s'éloignait ; puis vint le bruit lointain d'une fusillade, et nous devinmes inquiets pour nos gens sur le sloop. Les heures passèrent et de nouveau retentirent des tirs nourris, qui s'éteignirent peu à peu comme auparavant.

Tard dans l'après-midi, nous fûmes rejoints par un autre prisonnier que, à cause de son costume de peau, nous avons pris à première vue pour un jeune Indien ; mais ce n'était autre que le garçon Poole, qui était au service de M. Rivers et très loyalement attaché à son maître.

De lui, nous apprîmes que les Indiens et quelques Espagnols avaient discuté toute la journée avec nos hommes. Il avait nagé jusqu'au rivage avec une lettre au moine et avait été reçu avec bonté par les sauvages, qui l'avaient habillé à leur manière. Le frère, cependant, ne lui accorda aucune réponse ; et après un certain temps, il donna le signal à ses hommes de tirer sur le sloop. Les flèches des Indiens et les mousquets des Espagnols avaient enfin obligé les *Trois Frères* à lever l'ancre et à prendre le large.

CHAPITRE IV.

JOUR après jour traîné. Nous nous sommes lassés de discuter des possibilités de notre évasion et sommes progressivement tombés dans le silence.

Ce fut le premier jour de juin que don Pedro de Melinza arriva dans la galère de San Augustin, et notre captivité commença une nouvelle phase.

C'est un bel homme, ce Don espagnol, et il se porte avec des airs de courtisan, quand cela lui plaît. Alors qu'il se tenait ce jour-là devant la porte ouverte de notre cabane-prison, dans la pleine lueur d'un matin d'été, il était un beau spectacle. Ses épais cheveux noirs étaient portés en une frange de mèches ondulées qui reposaient légèrement sur son col évasé. Son pourpoint de cuir moulait près de sa silhouette fine et forte, et à travers ses manches coupées il y avait un reflet de soie fine. Dans sa main droite, il tenait contre sa poitrine son sombrero à plumes ; sa gauche reposait négligemment sur la garde de son épée.

Je n'ai trouvé aucun défaut dans ses salutations courtoises ; mais j'ai regardé son visage et cela ne m'a pas plu.

Le nez était droit et haut, les yeux sombres et perçants enfoncés dans le visage olive ; mais sous la moustache courte et bouclée projetait une lèvre inférieure pleine et rouge.

Montre-moi, chez un homme, un front ouvert, un œil clair, une bouche ferme et un menton qui ne vise pas le nez ni ne recule sur la poitrine ; et je le qualifierai d'honnête, de courageux et d'esprit pur. Mais si son front se cache en arrière, si son menton recule et si sa lèvre inférieure se recourbe en rouge – même si les autres traits sont beaux et la silhouette pleine de grâce et de force maîtrisée – je n'ai jamais pu faire confiance à cet homme ! J'en ai vu une fois dans ma petite enfance. Ma mère me l'a montré et m'a demandé de bien le noter.

"Cet homme," dit-elle, "était autrefois l'ami et le proche camarade de votre père ; maintenant il marche libre et vit dans l'aisance, tandis que mon pauvre mari est en esclavage. Pourquoi en est-il ainsi ? Parce qu'il a trahi son serment là-bas. , à ses amis et à son roi. Il les a tous vendus, comme Ésaü, pour un plat de lentilles. Gardez-le bien, mon enfant, et méfiez-vous de ses pareils ; car en ces jours- ci, ils ne sont pas peu nombreux, et malheur à quiconque leur fait confiance ! »

Je me suis souvenu de ces paroles de ma mère lorsque le seigneur Don Pedro de Melinza y de Colis nous a salué ce jour-là d'été. Le sens de ses phrases courtoises m'était perdu ; mais je devinai à ses manières qu'il était venu sous l'apparence d'un ami, et je tremblai à la perspective d'une telle amitié.

Néanmoins , j'ai été très heureux lorsque les chaînes ont été levées de mon cher amour et de ses compagnons, et que nous avons été emmenés sur la galère espagnole et servis comme des chrétiens.

À la première occasion, M. Rivers s'est empressé de me faire comprendre les choses. "Notre libérateur" - c'est ainsi qu'il l'appelait, ce dont je m'émerveillais quelque peu, — "notre libérateur m'assure que l'action de Padre Ignacio est fortement condamnée par son oncle, Señor de Colis , gouverneur et capitaine général de San Augustin. Don Pedro a été envoyé pour nous transporter là-bas, où nous serons divertis avec quelques remise en forme jusqu'à ce que nous puissions communiquer avec nos amis.

" Le dit- il ? Ce sera bien s'il tient parole ; mais à mon avis, il n'a pas la figure d'un honnête homme. "

M. Rivers m'a regardé gravement. "C'est un discours dur venant de lèvres si douces", a-t-il déclaré. "Don Pedro est un gentilhomme espagnol de haute lignée. Son oncle, Señor de Colis , est chevalier de l'Ordre de Saint-Jacques. Ceux-là tiennent à leur honneur . Jusqu'à ce qu'il nous donne des raisons de nous méfier de lui, ayons la grâce de crois que c'est *un* honnête homme.

J'ai regardé dans les yeux gris et francs de mon véritable et vaillant amour, et je me suis senti réprimandé. « C'est seulement un instinct de femme qui m'a fait douter de l'Espagnol ; et cette simple confiance d'une nature noble dans l'intégrité de son prochain semblait un instinct bien plus fin que le mien.

À partir de ce moment, j'ai laissé tomber mes soupçons et j'ai accueilli les avances courtoises du señor de Melinza avec autant de grâce que je savais. Mais comme nous parlions pour la plupart dans des langues différentes, peu de conversations nous étaient possibles.

J'ai été émerveillé par la facilité avec laquelle M. Rivers conversait en espagnol et en français. Je n'étais pas moi-même totalement ignorant de ces dernières, bien que dans ma vie tranquille à la campagne je n'aie eu que peu d'occasions de mettre mes connaissances à l'épreuve, essayant rarement de faire autre chose que « piquer quelques fleurs » de discours étranger sur le tissu de mon esprit. langue maternelle; c'est donc avec beaucoup de timidité que j'essayai d'abord de parcourir les dédales d'une langue inconnue.

L'Espagnol accueillit cependant mes tentatives avec une compréhension courtoise, et au bout d'un moment je m'enhardis à poser quelques questions concernant la ville de San Augustin et à commenter la beauté éclatante du ciel et des vagues bleues qui nous entouraient. Sur ce, il se lança dans des louanges ravies de son propre pays, l'Espagne, « le plus bel endroit de la terre ! » En écoutant en souriant, il me sembla apercevoir une ombre se dessiner sur le front de mon cher amour.

Jusqu'alors la galère n'avait dépendu que de ses rames, qui avaient six rangées de deux rames chacune, de chaque côté, mais maintenant, le vent s'étant rafraîchi, don Pèdre ordonna de hisser ses deux petites voiles latines. Pendant qu'il donnait ces instructions et surveillait leur exécution, M. Rivers se rapprocha de moi en disant dans un murmure rapide :

"Vous m'avez quelque peu mal compris, chérie, en ce qui concerne votre attitude envers notre hôte. Il est sûrement inutile que vous vous preniez la peine de converser avec lui aussi longuement."

Il faut maintenant se rappeler qu'au cours des dernières heures, notre situation a beaucoup changé. J'avais quitté une masure sombre et sale pour un canapé rembourré sur une terrasse aérée. Dans la petite cabane qui avait été mise à ma disposition, j'avais, avec l'aide de Barbara, réarrangé mes mèches emmêlées et mes vêtements en désordre ; de sorte que je n'avais plus honte de mon apparence en désordre. Avec ma transformation extérieure, il y avait eu une réaction dans mon esprit, qui a bondi jusqu'à son niveau habituel.

L'air salin était frais sur ma joue ; le mouvement de notre navire, carénant gaiement sur les vagues dansantes, était joyeux et inspirant. J'oubliais que nous naviguions vers le sud et que, si nos amis anglais avaient survécu pour commencer leur établissement prévu, nous les laissions de plus en plus loin derrière nous. Mes pensées remontaient aux premiers jours de notre voyage sur les mers ; et un éclair de malice volontaire , que je croyais avoir tous disparu de mon cœur, s'éleva soudain en moi.

Je m'appuyai en arrière sur mon siège rembourré et regardai avec des yeux à moitié voilés mon vaillant gentleman.

"Ces belles distinctions, M. Rivers, sont trop difficiles pour moi", dis-je. "Si ce cavalier espagnol de haute lignée et d'honnêtes intentions est digne de quelque gratitude, je pense que quelques mots civils ne peuvent guère le surpayer."

Une couleur plus vive sur la joue de mon fiancé témoignait de la chaleur de ses sentiments à ce sujet, alors qu'il répondait :

" Vous avez tout à fait raison, ma très chère dame ! Si des paroles civiles peuvent annuler quelque chose de notre dette , je ne les épargnerai pas. Permettez-moi néanmoins, je vous en supplie, d'assumer tout le fardeau de notre gratitude et tout le paiement. dont."

"Pas du tout", répondis-je avec un peu d'entrain. "Malgré notre fortune médiocre, j'espère que personne n'a jamais trouvé un Tudor en faillite, que ce soit par courtoisie ou par gratitude ; et, avec votre permission, monsieur, je ne ferai pas exception !"

Je dis cela, non pas parce que j'étais si puissamment redevable à l'Espagnol ; mais — honte à moi ! — parce que M. Rivers avait choisi de me réprimander, il y a quelque temps, pour mon manque de charité.

Il est étrange de constater à quel point nous, les femmes, pouvons trouver du plaisir à faire souffrir l'homme que nous aimons ; tandis que s'il souffrait d'une autre cause, nous mourrions volontiers pour le soulager ! » Cela semblerait être un trait cruel dans le caractère d'une femme – et j'espère que je ne suis pas cruelle ! Mais je dois avouer que lorsque j'ai salué Don Pedro, à son retour, avec une cordialité accrue, ce n'est rien dans son visage sombre et impatient qui a fait battre mon cœur, mais plutôt l'aperçu que j'avais entrevu d' une lèvre mordue, d'un front noué, et une paire d'yeux gris tristes regardant la mer.

Mais le repentir arriva rapidement. Il y avait quelque chose dans l'attitude de l'Espagnol qui éveillait mes doutes endormis à son égard ; et je me tus bientôt et cherchai à être seul.

Mon vaillant gentleman s'était retiré piqué et, en compagnie du vieux capitaine Baulk et du garçon Poole, semblait avoir complètement oublié mon existence.

J'ai fait asseoir Dame Barbara à côté de moi et, feignant un mal de tête, j'ai appuyé ma tête sur son épaule et j'ai fermé les yeux. La dame se balançait doucement d'avant en arrière et, de temps à autre, exprimait des prières étouffées et des éjaculations lugubres qui faisaient travailler mes pensées sur mes propres méfaits.

yeux à moitié fermés, j'ai vu le soleil se coucher derrière la bande de rivage et j'ai regardé le ciel bleu pâle jusqu'au vert le plus pâle et à l'ambre le plus riche. Un petit troupeau de nuages blancs, nageant dans les profondeurs transparentes, s'enflamma soudainement et se transforma en flammes roses, puis brillait d'un rouge sombre comme des charbons ardents, et s'estompa, finalement en cendres grises dans l'ouest pourpre.

"Seigneur, aie pitié de nos cœurs pécheurs !" gémit doucement Dame Barbara.

"Amen!" Je soupirai et me demandai quel était mon mal, si cela pouvait être si grave qu'il ajouterait au fardeau d'anxiété que mon cher amour devait supporter ! Quelques larmes coulèrent sous mes paupières à moitié fermées, et j'étais très malheureux et désespéré, quand soudain je sentis une main se poser sur la mienne.

Je levai précipitamment les yeux et vis le visage de mon vaillant gentleman, très grave et pénitent, dans le crépuscule qui s'approfondissait rapidement.

Mon cœur fit un bond joyeux dans mon sein ; mais je pinçai tristement mes lèvres et poussai un puissant soupir.

"Merci, chère Dame, pour vos aimables soins", dis-je à Barbara. "En vérité, je ne sais pas ce que je devrais faire sans votre réconfort maternel de temps en temps."

M. Rivers m'a pris la main et m'a tiré doucement en disant :

"Voyez quelle étoile brillante est suspendue là-bas, au-dessus des rivages sombres !"

J'ai jeté un coup d'œil au point de lumière scintillant, puis, par-dessus mon épaule, aux ponts sombres. L'Espagnol n'était pas en vue, et seule la silhouette courbée de la dame était très proche .

Mon cher amour a porté mes doigts à ses lèvres. "Pardonnez-moi, chérie, d'être si grossière, mais vous ne pouvez pas connaître les peurs qui m'envahissent lorsque je vois le visage sombre de cet homme regarder dans le vôtre et que je réalise que nous sommes entièrement en son pouvoir."

"Il ne me ferait sûrement pas de mal !" Dis-je précipitamment.

"C'est pour qu'il apprenne à vous aimer", dit gravement M. Rivers.

"Il peut s'épargner la douleur !" J'ai pleuré. « Ne lui as-tu pas dit que nous étions fiancés ?

"Oui, mon amour, mais il risque de perdre son cœur malgré cela. Quoi d'étonnant s'il le fait ? Le miracle serait s'il pouvait regarder ton visage impassible."

« Suis-je si merveilleusement jolie, alors ? »

"Plus juste que n'importe quelle femme vivante !" a-t-il déclaré. Je savais bien que c'était un tendre mensonge, mais comme il semblait y croire lui-même, c'était tout aussi satisfaisant que si c'eût été la vérité !

"Soyez réconforté", murmurai-je d'un ton rassurant. Je sais très bien me rendre tout à fait simple. Il me suffit de retirer toutes mes boucles de mon front et de les battre en arrière : tout de suite je deviendrai si vieille et si laide qu'aucun homme ne voudrait me regarder deux fois en face. Attends demain et tu verras ! »

Un rire sortit des lèvres de M. Rivers , puis il soupira profondément.

"Non, chérie, si c'est la coiffure que tu as prise un jour, il y a quelques mois, pour mon châtiment particulier, je prie pour que tu n'essayes pas son efficacité sur l'Espagnol ; car elle ne sert qu'à te rendre plus irrésistible."

Mais j'ai déjà réfléchi plus longtemps sur moi-même et sur mes propres sentiments qu'il n'est nécessaire pour raconter mon histoire. Je dois me hâter vers les événements qui concernaient le plus M. Rivers. Pourtant, en regardant en arrière, j'ai du mal à arracher mes pensées au souvenir de cette dernière heure de conversation tranquille avec mon cher amour, sous le ciel étoilé du sud. Comme nous réalisons rarement nos moments de grand bonheur avant qu'ils ne soient passés ! Il me semblait alors que nous étions dans l'ombre d'une multitude de peurs aux ailes sombres ; mais maintenant je sais que cela n'a servi qu'à rendre notre foi mutuelle plus vive.

Je n'ai pas, par la suite, négligé l'avertissement de M. Rivers et j'ai évité l'Espagnol autant que possible. Mon cher amour s'attardait toujours à mon côté et répondait pour moi, dans un espagnol facile, à tous les discours courtois de don Pedro.

Parfois, je pense qu'il aurait été bien préférable qu'il me laisse suivre ma propre voie. Il y a des hommes qui n'ont besoin que d'un soupçon de rivalité pour les inciter à aller là où, de leur propre choix, ils n'auraient jamais pensé s'aventurer. Les attentions de Melinza ne diminuèrent pas, tandis que ses manières envers M. Rivers perdaient en cordialité au fil du temps.

CHAPITRE V.

PARMI les partisans de l'Espagnol se trouvait un jeune mulâtre qu'il appelait « Tomas ». Il était très grand et svelte, mais musclé et fort, avec des muscles noués s'enroulant sous la peau brune de ses jeunes membres maigres. Il portait une chemise ample, ouverte au col, avec des manches retroussées jusqu'à l'épaule ; et son pantalon court et ample arrivait à peine jusqu'au genou.

J'admirais la grâce agile du garçon alors qu'il s'agitait sur le pont le dernier matin de notre voyage. Avec lui, le jeune Poole (revêtu comme un chrétien, avec des vêtements empruntés) était occupé à déplacer un grand rouleau de corde ; et le jeune Anglais robuste et à la peau claire contrastait joliment avec l'autre.

Don Pedro se tenait près de M. Rivers et de moi, et ses yeux prenaient la même direction que les nôtres.

"Ils sont de taille bien égale", dit-il en désignant les gars. "Voyons lequel peut résister à la force." Il cria quelques mots en espagnol au jeune mulâtre, qui releva sa tête sombre, courbée d'anneaux brillants de cheveux noirs comme du charbon, et montra une rangée de dents blanches et brillantes en tournant son visage souriant vers son maître.

M. Rivers dit un mot à Poole, et le garçon rougit des sourcils au cou, et ses yeux bleus tombèrent d'un air penaud ; mais il se dressait l'un contre l'autre avec une juste bonne volonté, et il n'y avait pas un cheveu de différence dans leur taille.

Sur un signal de don Pèdre, les garçons se débattirent ; les membres bruns et roux étaient étroitement entrelacés et, pieds nus agrippés au pont, ils se balançaient d'avant en arrière comme des jeunes arbres jumeaux pris dans un vent violent.

Dans la première attaque, le mulâtre eut le dessus ; ses membres souples et sombres s'enroulaient autour de son adversaire avec une force paralysante : mais bientôt le poids plus important de la jeunesse anglaise commença à se faire sentir ; sa jeune silhouette bien bâtie se redressa et se tendit.

J'ai vu un grognement soudain sur le visage tourné vers l'autre. Sa lèvre supérieure courte et épaisse se retroussa sur ses dents comme la volonté d'un chien en colère. Il leva les yeux au ciel en direction de son maître, qui lui lança un sort méprisant. Piqué d'une soudaine rage, le mulâtre avança la tête et enfonça ses dents blanches et acérées dans l'épaule du jeune Poole.

Il y eut un cri de surprise et le jeune Anglais desserra son étreinte. Un instant plus tard, les deux personnages roulèrent sur le pont, et la tête de lin était en dessous.

"Tricherie!" s'écria M. Rivers en se précipitant pour déchirer les garçons ; car maintenant les doigts du mulâtre étaient sur la gorge de son adversaire.

de Melinza se posa sur son épée ; avec une volée de jurons , il interposa la lame brillante entre M. Rivers et les personnages se tordant sur le sol. Aussi vite que la pensée, une autre lame sortit de son fourreau, et les yeux gris et colériques de ma fiancée brûlèrent d'un défi indigné.

J'avais regardé avec un étonnement muet ; mais à la vue des armes nues , j'ai crié à haute voix.

Instantanément, les deux hommes semblèrent se ressaisir. Ils reculèrent et se regardèrent froidement.

" *Hasta pratique occasion , caballero!* " dit l'Espagnol en remettant son épée dans son fourreau et en s'inclinant profondément.

" *A la disposition de vuestra señoria , Don Pedro* , répondit ma fiancée en suivant son exemple.

Et moi, écoutant, mais ne connaissant aucun mot de la langue, je croyais qu'il s'était passé des excuses entre eux !

La bagarre sur le pont avait cessé lorsque les épées s'entrechoquèrent, et les garçons s'étaient levés. Melinza se tourna maintenant vers le jeune Tomas et lui frappa un coup sec sur la joue.

« Partez avec vous deux ! » dit le geste de son bras impatient ; mais je crois que sa langue ne prononçait que des injures.

Tous nos Anglais étaient apparus sur le pont, et quand Melinza les dépassa avec un air renfrogné toujours sur le front, ils échangèrent des regards significatifs. Le capitaine Baulk secoua sa tête grisonnante alors qu'il s'approchait de nous.

« Qu'ai-je toujours dit, M. Rivers ? » commença-t-il ; mais ma fiancée regarda vers moi et posa un doigt sur sa lèvre. Ensuite, ils se séparèrent et conversèrent à voix basse. Ce qu'ils ont dit, je ne l'ai jamais su ; car lorsque M. Rivers revint à mes côtés , il ne parla que des dauphins jouant dans les eaux bleues et des chances que nous atteignions San Augustin avant la tombée de la nuit.

"Alors," pensai-je, "je ne dois plus participer à leurs discussions, à leurs espoirs ou à leurs craintes. Je ne suis qu'un tout petit enfant, qu'il faut surveiller et amuser, qu'on éloigne du danger avec une friandise ou une friandise." un jouet ! Et vraiment, j'ai mérité d'être traitée ainsi. Mais maintenant, il est temps pour moi de mettre de côté les choses enfantines et de prouver que je suis une femme.

J'eus cependant l'esprit de ne pas faire connaître mes résolutions, ni d'insister pour partager sa confiance. Je me suis penché par-dessus le flanc du navire et j'ai observé l'éclat argenté des deux longues lignes de rames qui coupaient les vagues, et j'ai gardé le silence. Mais dans mon cœur , c'était le tumulte. J'avais vu l'éclat d'une épée tenue dans le visage de mon cher amour ! — et ce souvenir me refroidissait. J'avais coquetté avec l'homme dont c'était l'épée ! — et cette pensée envoyait des élans de chaleur dans tout mon corps. J'ai fermé les yeux et j'aurais aimé que Dieu les rende moins bleus ; Je me suis mordu la lèvre parce qu'elle était si rouge. Je n'avais pas pensé jusqu'à présent que mon beau visage puisse constituer un danger pour ma bien-aimée.

Il se tenait à mes côtés, si beau et si débonnaire ; un homme bon à considérer et un cœur loyal à qui faire confiance ; pas trop fervent en matière de religion, mais sans jamais souiller ses lèvres par un grossier serment, ni son honneur par un mensonge ! Tandis que je le regardais et qu'il se penchait vers moi, je me rappelai soudain la prudence déloyale de notre père Abraham lorsqu'il voyageait dans le pays des étrangers ; et j'ai pensé : « Dieu doit certainement honorer un homme qui est fidèle à son amour, à tout prix du danger !

Ainsi se passa la journée.

C'était le soir lorsque nous avons traversé le bar et sommes entrés dans la baie de Matanzas. Le soleil couchant jetait une lueur cramoisie sur les eaux ; J'ai pensé au sang des martyrs français qui ont souillé ces vagues et j'ai frémi.

Sur le ciel occidental se détachait la ville de San Augustin, avec ses murs carrés et ses toits bas et plats construits le long d'un rivage bas et verdoyant. La tour de guet du château-fort se dressait menaçante à mesure que nous nous rapprochions.

Sur le pont de la galère espagnole, main dans la main, nous nous tenions mon amour et moi.

"Là-bas est... notre destination", a déclaré M. Rivers.

"Notre prison, diriez-vous", lui répondis-je, "et c'est ce que je pense aussi. Néanmoins, je préférerais me tenir ici, à vos côtés, que n'importe où ailleurs dans ce vaste monde... *seul* !"

Il sourit et porta mes doigts à ses lèvres. "En vérité, chère dame, moi aussi."

Il y eut un bruit de lourdes chaînes et un grand claquement lorsque l'ancre glissa dans les eaux sombres.

CHAPITRE VI.

NOUS avons été reçus par le gouverneur espagnol immédiatement après notre débarquement.

Je l'avais déjà imaginé, dans mes pensées, comme un homme à la présence imposante, avec des yeux perçants et sombres dans un visage sévère ; des mèches croustillantes et bouclées, comme celles de Melinza , mais légèrement argentées sur les tempes ; un air de puissance, de feu, comme si son esprit audacieux défiait la lourde main du temps.

Ce fut donc pour moi une grande surprise — et un certain soulagement — quand, au contraire, je vis s'avancer vers nous une petite silhouette épurée aux cheveux blancs comme neige et au visage pâle. Ses petits yeux bleus clignaient sur nous avec un regard larmoyant ; ses joues flasques étaient couvertes de rides, et ses lèvres tremblantes se tordaient et se tordaient dans l'ombre d'un sourire : rien en lui n'évoquait ni le soldat, ni l'homme de valeur.

Il était vêtu avec quelque prétention d'un pourpoint de velours violet avec des manches d'une couleur plus claire. Son pantalon court et ample était garni au genou d'immenses roses ; ses membres inférieurs rétrécis étaient enveloppés dans des bas de soie d'une teinte lavande pâle, et des boucles d'argent attachaient les rubans violets touffetés de ses chaussures. Sur sa poitrine était la croix rouge de Saint-Jacques, brevet de noblesse ; Sans cela et sans sa belle tenue, il aurait pu passer pour un tailleur aux yeux troubles et décrépit de Mercerdashery Lane.

J'ai repris courage à la vue de ce petit mannequin.

"Est-ce que cela peut être le gouverneur et capitaine général de San Augustin ?" » murmurai-je à l'oreille de ma fiancée.

" Ce n'est pas seulement à la cour de *notre* Charles que les baisers ou les promotions ont des faveurs ! " fut sa réponse, dans un rapide aparté. Puis il rencontra le dignitaire qui s'avançait et répondit avec une grave précision à l'accueil suave qui nous fut réservé.

de Melinza était celui de maître de cérémonie à cette occasion. Il semblait avoir mis de côté sa rancœur , et son beau visage olive s'éclaira d'une expression de grande bienveillance lorsqu'il me présenta au gouverneur comme « *l' honorable et distinguée señorita Doña Margarita de Tudor* ».

J'ai regardé M. Rivers avec un sourire involontaire.

"Ma fiancée, Votre Excellence", dit-il simplement en me prenant par la main.

Le gouverneur aux yeux larmoyants m'a fait un compliment, la main ridée sur le cœur. Je n'en comprenais aucun mot et il ne parlait pas français, alors M. Rivers a soulagé la situation avec son aisance habituelle.

Cette audience avait eu lieu dans la cour du château, qui est une place d'une grande force, c'est -à-dire un fort carré construit en pierre, couvrant environ un acre de terrain, et garni de plus de trois cents hommes.

Nous nous tenions en petit groupe sous une lampe tamisée accrochée dans un portique sculpté qui semblait être l'entrée d'une chapelle. Le capitaine Baulk et les autres étaient un peu à l'écart de nous ; et tout autour, aux portes ouvertes des casemates, se cachaient de nombreux soldats basanés.

Soudain, des pas légers retentirent sur le trottoir dallé de la chapelle derrière nous, et une femme grande et gracieuse s'avança et posa sa main sur mon épaule. À travers les plis délicats de dentelle noire et vaporeuse voilant sa tête et ses épaules brillaient une paire d'yeux lumineux qui me brûlaient de leur regard.

Elle écarta les salutations des deux Espagnols et me parla directement d'une voix riche et basse. La vue d'une femme m'était si bienvenue que j'ai tendu les deux mains en signe de réponse ; mais elle ne fit aucun mouvement pour les prendre : ses yeux brillants scrutèrent les visages de notre groupe, s'attardant sur celui de ma fiancée, à qui elle s'adressa ensuite, avec un petit geste insouciant de sa main blanche dans ma direction.

M. Rivers s'inclina profondément et dit en français : « Madame, je la recommande à vos bons soins. Puis à moi : "Margaret, la dame du Gouverneur vous offre la protection de son toit."

Ses yeux me l'incitèrent à l'accepter, et je me tournai lentement vers l'impérieux étranger et murmurai : « Madame, je vous remercie.

"Donc!" s'écria-t-elle, vous pouvez donc parler ? Vous n'êtes pas bête ? J'avais cru que c'était une jolie effigie de cire de Notre-Dame, pour le padre ici présent, et elle riait d'un air moqueur en jetant un coup d'œil par-dessus son épaule.

Un autre avait rejoint notre groupe, mais ses pieds nus n'avaient fait aucun bruit d'avertissement. La vue de l'habit grossier et de la tête tonsurée me fit froid dans le dos. Deux yeux sombres fixèrent le mien un instant, puis leur propriétaire se détourna silencieusement et rentra par la porte de la chapelle.

Melinza se tenait à côté, avec un froncement de sourcils sur le front.

"Une telle condescendance de votre part, Doña Orosia , est inutile. Nous pouvons fournir un hébergement à tous nos invités anglais ici dans le château."

" Quoi ! Don Pèdre s'abaisserait-il à aménager le boudoir d'une dame ? — Bien plus, elle mourrait des horreurs qui se déroulent dans ces murs sombres. Viens avec moi, mon enfant, je peux fournir un meilleur divertissement. "

Je me tournai précipitamment vers mon cher amour.

"Aller!" me dit ses yeux.

Puis j'ai pensé à Barbara et, très timidement, j'ai demandé à la garder près de moi.

"Elle peut nous suivre", dit négligemment la dame du gouverneur en frappant vivement dans ses mains. Deux coureurs apparurent, portant une chaise fermée, et la déposèrent devant nous.

"Entrez", dit mon tuteur auto-élu. "Tu es si léger qu'il y a de la place pour nous deux."

Je lui obéis, hébété, puis elle me suivit.

Je pensais que j'allais être écrasé dans cet espace étroit, et l'idée d'être ainsi soudainement arraché à ma fiancée me remplissait de terreur. J'ai fait un effort désespéré pour ressortir ; mais une main douce et forte me saisit le bras et me maintint immobile, et en un instant nous fûmes rapidement emportés hors de la cour dans l'obscurité du dehors.

Je me tordais amèrement les mains et fondais en larmes.

" *Ô cielos !* qu'avons-nous ici ? " s'écria la voix riche, irritée. " Ce n'est pas un saint de cire, après tout, mais une fontaine vivante ! Ne me noie pas, je t'en prie. De quoi pleurer ? As-tu peur, petit imbécile ? Tu vois, je ne suis qu'une femme, pas une ogresse. "

Mais ce n'était pas seulement pour moi que je craignais : la pensée de mon cher amour au pouvoir de Melinza me terrifiait plus que toute autre chose, et pourtant je n'osais pas exprimer mes soupçons. J'ai essayé de contrôler ma voix alors que j'implorais que je puisse être ramené au fort et chez M. Rivers.

"Est-ce pour l'Anglais, ou pour Melinza , que vous pleurez ?" demanda brusquement mon compagnon.

"Madame!" J'ai rétorqué avec indignation : "M. Rivers est mon fiancé."

" Bonne cause d'affliction, sans doute, " répondit-elle, " mais épargnez-moi vos lamentations. Non, vous ne pouvez *pas* retourner au fort. Ce n'est pas un endroit convenable pour une honnête femme, et vous semblez trop idiote pour être quoi que ce soit. d'autre. Ici, nous sommes arrivés... "

Elle me poussa dehors dans la rue non pavée, puis me traîna par une porte ouverte, à travers une cour étroite remplie de plantes en fleurs, et dans une pièce éclairée meublée de riches tentures, de chaises, de tables et d'armoires d'un beau travail.

J'ai regardé autour de moi avec émerveillement et confusion d'esprit.

"En quoi cela plaît-il à votre jolie sainteté ? C'est quelque chose de mieux que la cabane du Padre Ignacio ou la galère de Melinza , n'est-ce pas ? Êtes-vous content de rester ?"

« Madame, dis-je désespérément, faites de moi ce que vous voudrez ; veillez seulement, je vous prie, à ce qu'il n'arrive aucun mal à ma fiancée.

"Qu'est-ce qui devrait lui faire du mal ?" » a-t-elle demandé. "N'est-il pas l'invité de mon mari ?"

"Son invitée, madame, ou sa prisonnière ?"

Elle m'a jeté un regard attentif. "Quel que soit le rôle qu'il aura l'esprit ou la folie de jouer."

Je me suis encore tordu les mains. "Madame, madame, ne plaisantez pas avec moi !"

"Enfant, qu'est-ce qui devrait te faire si peur ?"

J'hésitai, puis m'écriai : « Le seigneur de Melinza ne lui témoigne aucune bonne volonté ; il peut s'efforcer de nuire à votre mari !

La femme du gouverneur m'a regardé attentivement. "Pourquoi Melinza aurait-elle quelque chose contre votre Anglais ?"

Je ne pouvais pas répondre, peut-être avais-je été idiot de parler. Je laissai tomber mon visage dans mes mains, en silence.

Doña Orosia se pencha en avant et me prit par les poignets. "Regardez-moi!" dit-elle.

Timidement, je levai les yeux et elle étudia mon visage pendant une longue minute.

"C'est absurde", dit-elle alors, et elle me repoussa. " C'est impossible ! Et pourtant... un nouveau visage, un nouveau visage et passablement joli. Oh, mon Dieu, ces hommes ! valent-ils un vrai serrement de cœur ? Dis-moi, " s'écria-t-elle avec férocité, et me secoua violemment en me secouant. l'épaule, "Est-ce que Melinza t'a déjà fait l'amour ?"

— Jamais, madame, jamais ! J'ai répondu rapidement, effrayé par sa véhémence. "En effet, leur querelle ne me concernait pas. Il s'agissait de deux gars qui se disputaient un combat de lutte sur la galère. Et bien qu'ils fussent tous deux en colère à ce moment-là, il n'y a peut-être plus de rancune entre eux maintenant. J'ai été stupide de parler Oubliez mon imprudence, je vous en prie !

Mais son visage restait pensif. « Racontez-moi toute l'histoire », dit-elle ; et quand je l'eus fait, elle se tut.

Je me suis assis et je l'ai regardée avec anxiété. C'était une belle femme, avec une profusion de cheveux noirs, une joue richement teintée, des yeux glorieux et une petite bouche douce, aux lèvres rouges et passionnée, repliée, à ce moment-là, dans une courbe méprisante.

Soudain, elle se leva et toucha une cloche. Une jeune négresse répondit à l'appel. Doña Orosia lui dit quelques mots rapides en espagnol, puis se tourna froidement vers moi.

" Venez avec elle ; elle vous conduira à votre appartement, et votre femme vous y accompagnera plus tard. Vous devez être trop fatigué ce soir pour nous rejoindre à un repas formel, et votre garde-robe doit avoir un peu besoin d'être reconstituée. Demain, vous aurez tout ce dont vous aurez besoin. Je vous souhaite une bonne nuit ! » — et elle me congédia d'un geste hautain de sa main blanche.

La chambre qui m'avait été assignée, et que j'étais heureux de partager avec la bonne dame Barbara, était longue et étroite. Il y avait une fenêtre à une extrémité qui donnait sur la mer ; et à travers la lourde grille à barreaux solidement fixée dans l'épaisse fenêtre, je pouvais contempler la digue basse et, au-delà, le sein lisse de l'océan rêveur, se soulevant doucement dans la paisible lumière des étoiles, comme si un tel le chagrin était caché dans son cœur profond et troublait même son sommeil de soupirs.

Si j'appuyais mon visage contre les barreaux, j'apercevais, à ma gauche, les remparts du château où se trouvait mon cher amour. Les larmes lentes me montèrent aux yeux alors que je pensais que cette nuit, le même toit ne nous abriterait pas et qu'il n'y aurait pas non plus le même pont oscillant sous nos pieds.

Pendant que nous étions ensemble, aucun sentiment de danger très réel ne m'avait opprimé ; mais dès la première heure de notre séparation, mon cœur s'est alourdi par les pressentiments du mal et du chagrin qui étaient encore à venir.

CHAPITRE VII.

AU début, tout semblait bien se passer. La dame du gouverneur a été assez aimable envers moi ; le vieux Señor de Colis prodiguait ses sourires moqueurs et ses compliments verbeux, dont je ne comprenais aucun ; Je voyais M. Rivers et Melinza de temps en temps, et ils semblaient en bons termes l'un avec l'autre : mais je ne croyais pas que cet état de choses puisse durer, et j'avais raison dans mes craintes.

Une nuit (c'était le 22 juin, et le temps était étouffant et oppressant ; la mer retenait son souffle et la lune ronde brûlait dans le ciel brumeux), le repas du soir fut servi dans la petite cour de la maison du gouverneur. , et M. Rivers et Melinza étaient nos invités.

Ce n'était pas la première fois que nous rompions tous le pain sur la même table ; mais il y avait maintenant un air de moquerie dans les civilités de Melinza : il passa le sel à ma fiancée avec un regard d'hostilité voilée, et l'engagea dans un verre de vin avec un sourire qui cachait mal la boucle colérique de son visage rouge maussade. lèvre.

« C'était un repas étrange ; le souvenir est comme une image gravée dans mon cerveau.

Depuis les hauts chandeliers de cuivre posés sur la table, les cierges immobiles brillaient sur le damassé et l'argent scintillant, et allumaient des étincelles parmi les diamants qui retenaient les plis de dentelle de la tête sombre de Doña Orosia et qui gemmes les doigts blancs qui l'enlaçaient. ventilateur lent. Sa beauté défiait avec audace l'admiration des hommes et exigeait un hommage à leurs yeux. Le gouverneur aux cheveux blancs le paya pleinement, avec un regard fixe et larmoyant sous ses paupières mi-closes, et un sourire sénile caché sous sa moustache cirée. Mais chaque fois que je levais les yeux , je rencontrais les yeux de M. Rivers et Don Pedro se tournait vers moi ; et j'éprouvais un étrange frisson composé, en partie, de triomphe à l'idée que mon cher amour ne pouvait pas être gagné grâce à son allégeance, et en partie de terreur parce qu'il y avait dans le regard de l'Espagnol ce qui annonçait une nature entièrement gouvernée par ses passions brûlantes. et une volonté de gagner ce qu'il désirait par des moyens justes ou par la faute.

Je pouvais manger peu à cause de la chaleur et de la saveur piquante des sauces étranges, alors je m'attardais avec mon assiette uniquement pour excuser mes yeux baissés ; et, bien que j'écoutais tout ce temps avec une attention tendue, la conversation se déroulait trop vite pour que je puisse en saisir le sens.

" AUX YEUX LES PLUS BRILLANTS ET AUX LÈVRES LES PLUS
DIGNES DE BAISERS ! " - *Page 55*.

Mais Doña Orosia n'était ni sourde ni aveugle ; ses yeux noirs et perçants avaient noté chaque regard qui passait devant elle. Avec une rougeur plus profonde sur sa joue olive et un air plus fier de sa tête hautaine, elle me fit enfin le signal du retrait.

Les trois messieurs, les verres à la main, se levèrent de leurs sièges ; et, tandis que nous passions sous le treillis voûté qui conduisait de la cour pavée au jardin parfumé, don Pedro porta son verre à ses lèvres, d'un geste dans notre direction, et s'écria en français :

"Au visage le plus beau de San Augustin ! Aux yeux les plus brillants et aux lèvres les plus dignes de baisers ! Que la lumière de ces yeux ne soit jamais retirée de ces vieux murs, et que les lèvres ne manquent jamais d'une lame espagnole pour les protéger de tous les intrus !"

Le gouverneur, qui ne comprenait pas les mots français, leva son verre pour imiter courtoisement le geste de son neveu ; mais M. Rivers rougit vivement et posa le sien sur la table.

"Je n'aime pas votre toast, Señor Melinza , quelle que soit la façon dont je l'interprète. Le visage que je considère le plus beau ici quittera San Augustin le jour de mon départ ; et, puisque c'est le visage de ma promise épouse, il n'a besoin d'aucune autre épée que la mienne pour repousser les intrus !"

Lui aussi parlait en français ; et tandis que les mots passaient sur ses lèvres, je sentis la main douce et forte de Doña Orosia saisir mon bras et me traîner en arrière parmi les vignes, au-delà de la lumière rouge des cierges, où nous pouvions écouter sans être vus.

Melinza riait doucement. " Señor Rivers dit qu'il ne peut pas interpréter mon toast à son goût ; mais peut-être que si je le lui donne en langue espagnole , il trouvera peut-être l'interprétation plus à son goût ! " Puis il leva de nouveau son verre et répéta lentement les mots dans sa propre langue, avec un regard significatif vers le gouverneur.

Le vieil homme vida son gobelet jusqu'à la lie, puis tourna un visage rouge vers l'Anglais et posa la main sur son épée.

Mon cher amour n'avait plus aucune pensée de prudence , car les paroles de Melinza étaient une accusation directe de lâcheté. Aussi, pour toute réponse, il prit le frêle gobelet sur la table et le jeta au visage du jeune Espagnol.

Il y eut un tintement de verre brisé sur le trottoir de pierre, et Melinza essuya le vin rouge de sa joue. Puis il leva le foulard taché devant les yeux de mon cher amour et prononça quelques mots de sa voix la plus douce.

Un sourire de colère apparut sur le visage de ma fiancée ; il s'inclina avec raideur en réponse.

Le gouverneur aux yeux larmoyants interrompit vivement, la main toujours sur son épée ; ses yeux ternes se rétrécirent et le sang monta plus haut sur sa joue ridée ; mais son neveu posa une main de retenue sur son bras et, avec un autre discours riant et une profonde révérence à M. Rivers, lui montra la porte.

Je les vis sortir tous les trois par le passage qui menait à l'entrée de la rue. J'entendis le craquement des charnières et le bruit des barres qui se remettaient en place. Puis une forte et douce odeur de fleurs écrasées m'a fait m'évanouir. J'ai lâché prise sur les vignes de protection et j'ai reculé avec une soudaine lutte pour respirer.

La femme à côté de moi m'a attrapé le bras une seconde fois et m'a entraîné encore plus loin sur le chemin éclairé par la lune.

"Est-ce qu'il est un bon épéiste, ton brave cavalier ?" » demanda-t-elle en saisissant fermement mon épaule et en scrutant mon visage avec ses yeux méprisants.

Puis mes sens me revinrent : je savais ce qui s'était passé, ce qui allait suivre ; et j'ai commencé à parler sauvagement et à la prier d'empêcher l'effusion de sang entre eux.

Je sais à peine ce que j'ai dit ; mais les mots sortaient de mes lèvres et, par désespoir, je ne les retenais pas. Je lui ai parlé de mon état d'orphelin, de cette tombe solitaire à la Barbade et de la triste jeune mère qui était morte d'un cœur brisé ; J'ai parlé du long, long voyage à travers les mers , de l'amour qui était entré dans ma vie, et des rêves et des espoirs qui avaient rempli nos pensées lorsque nous avions atteint les belles et étranges côtes de ce nouveau pays ; et je l'ai priée, comme elle était une femme et une épouse, de ne laisser aucun mal arriver à mon cher amour.

" Ah ! madame, m'écriai-je, un visage aussi beau que le vôtre n'a pas besoin du championnat d'un étranger anglais, qui a déjà une préférence pour les yeux bleus et les cheveux jaunes. Je vous accorde qu'il a un mauvais goût ; mais oh ! Je vous en prie, arrêtez ce duel ! »

Elle détacha sa main de l'étreinte de la mienne et me regarda un instant en silence ; puis elle rit amèrement.

"Toi, petit imbécile ! Petit imbécile aux yeux bleus ! Que voient les hommes dans ton visage pour les émouvoir à ce point ? Un peintre pourrait t'aimer pour l'or de tes cheveux, ton front blanc et tes yeux bleus, - ils t'aimeraient pour l'or de tes cheveux, ton front blanc et tes yeux bleus , grâce à un saint représenté au-dessus d'un sanctuaire, — mais pour les baisers d'un homme et un tel amour qui pourrait le tenter de risquer sa vie pour toi, — *cielos* ! c'est plus qu'étrange. Puis, alors que je restais muet devant elle, elle me tapota légèrement la joue. "Allez ! Êtes-vous assez idiot pour penser que *l'une ou l'autre* des épées sera dégainée pour le bien de *ma* beauté ?"

CHAPITRE VIII.

CETTE nuit-là, je dormis peu.

Environ une heure après minuit, il y eut un grand bruit dans la maison, des bruits de portes qui s'ouvraient et des pas précipités. Les bruits inhabituels me terrifiaient. Je m'appuyais contre la porte, le cœur battant fort, et j'écoutais. Quelles mauvaises nouvelles ces bruits laissaient-ils présager ? Il y eut un grand cri dans une voix de femme, la voix de Doña Orosia .

Je sentais que je devais savoir quels ravages le destin avait provoqués au cours des dernières heures. J'ai regardé Barbara : elle dormait paisiblement sur son dur grabat ; le clair de lune, pénétrant à travers la fenêtre grillagée, me montra son visage flétri détendu dans une paix presque enfantine. Je ne voulais pas la réveiller, c'était une chose bénie de dormir et d'oublier ; mais *je* n'osais pas dormir, car je ne savais pas quelle serait l'horreur de mon réveil. La joue appuyée contre la porte, j'attendis encore un moment. Peut-être que seules ces planches sont intervenues entre moi et la tragédie de ma vie !

Je posai la main sur le loquet. J'avais peur de connaître la vérité, et pourtant, si je ne l'entendais pas, je mourrais d'effroi. Lentement, je tournai la clé et soulevai les barreaux : la porte s'ouvrit.

Je suis sorti sur le balcon qui surplombait la cour et j'ai regardé. Il n'y avait personne en vue; le clair de lune blanc recouvrait tout et un parfum puissant s'élevait des fleurs du jardin au-delà.

Je descendis les escaliers et restai immobile au centre de la cour vide. Des voix résonnaient près de moi, mais je ne savais d'où elles venaient. Encore tremblant, je me dirigeai vers le passage qui menait à la porte extérieure, et je vis qu'il faisait clair comme le jour. La porte était entrouverte. Ceux qui étaient sortis les derniers avaient été étrangement oublieux – ou très agités.

Ne sachant pas ce que je faisais, je franchis le seuil et me précipitai dans la rue en direction du fort.

Un groupe de trois hommes se tenait au coin. A leur vue, je m'arrêtai et me cachai dans l'ombre du mur ; mais, l'un d'eux se tournant vers moi, je reconnus le capitaine Baulk, et, m'avançant vivement, je posai la main sur son bras.

"Comment va-t-il ? Où l'ont-ils emmené ?" J'ai chuchoté.

"Quoi ! n'est-ce pas Maîtresse Tudor ? Vous ont-ils donc mis à la dérive ? Lor', c'est une frêle embarcation d'être hors du port par un temps aussi maussade !"

"Comment est-il?" Répétai-je en resserrant ma prise sur sa manche.

"Mort comme un hareng mariné, pauvre garçon !"

Ma tête a heurté lourdement le mur en tombant, mais je n'ai poussé aucun cri.

"Coulez-moi ! mais la pauvre fille a cru que je parlais de M. Rivers !" J'entendis le vieux marin s'exclamer en se mettant à genoux à côté de moi, et ces mots calmèrent mes sens défaillants.

« De qui parliez-vous ? » J'ai haleté.

"Le jeune Poole a été tué, maîtresse Margaret. Un garçon aussi honnête que jamais, aussi, c'est plus dommage!"

J'ai eu du mal à me relever en criant : « Que me dites-vous ? Ont-ils tué ce garçon par pure méchanceté contre son maître ? Et où est M. Rivers ?

Ils ne m'ont fait aucune réponse.

"Il est donc mort ! Je le savais, mon cœur me le disait !"

" Eh ! pauvre fille ! Ce n'est pas si grave que ça, mais c'est déjà assez grave. Ils lui ont accroché suffisamment de chaînes pour ancrer un navire de guerre, et l'ont amarré solidement dans le donjon du fort. D...n " Ils sont pour une bande de ignobles furriners ! Et il est le propre cousin d'un comte anglais !"

"Tu ne peux pas me raconter une histoire franche ?" J'ai pleuré. "Qu'a-t-il fait pour être si mal servi ? Et à qui appartient l'inimitié derrière tout cela, celle de Melinza ou celle du gouverneur ?"

« Seigneur ! » s'écria l'un des marins, "le jeune Don n'a plus de vengeance, maîtresse. S'il passe la nuit, c'est plus que ce que j'espère voir."

"Tiens, maintenant, laisse-moi te raconter l'histoire, mon garçon", intervint le vieux capitaine. " " C'était un duel qui commença, Maîtresse Tudor. Les jeunes sangs étaient si enthousiastes après le combat qu'ils ne pouvaient pas attendre le lever du soleil, mais il fallait nécessairement le faire au clair de lune sur la plage. " C'était là-bas, à l'abri des murs du château. ".

"M. Rivers et Don Pedro ?"

"Oui, maîtresse. Le gouverneur n'était pas là, il est probable qu'il n'en savait rien."

"Pas du tout!" m'écriai-je, "il a eu sa part dans la querelle, et ils ont quitté la maison en compagnie."

"Peut-être", a déclaré le capitaine Baulk, "je ne le contredirais pas, car je ne fais confiance à personne d'entre eux; mais il a choisi d'y aller avec son œil fermé plutôt que de prendre des précautions contre la bourrasque. Alors ils ont tout compris. par eux -mêmes, et aucun d'entre nous n'en était plus sage, à l'exception du jeune Poole, qui avait deviné quelque chose qui n'allait pas et a suivi son maître.

"Et alors ? Parlez vite ! M. Rivers a-t-il été blessé ?"

"Pas lui ! C'est-à-dire, pas par une quelconque poussée des Don. Lor', mais ça a dû être un joli combat ! Dommage qu'aucun homme ne l'ait vu qui puisse le dire !"

« Au nom de la miséricorde, monsieur, parlez clairement !

"Oui, ma jeune maîtresse, mais donnez-moi du temps et je le ferai. M. Rivers fut bientôt dans une telle poussée que le Don tomba devant lui aussi soudainement qu'un navire avec toute sa coque enfoncée. Il resta bloqué, avec le sang coulant en un ruisseau sombre sur le sable blanc. Notre jeune gentleman, au cœur vaillant, jeta son épée et tomba à côté de l'Espagnol et s'efforça de panser ses blessures, criant à haute voix à l'aide. Qui devrait l'entendre mais le jeune Poole et ce diable jaune de Tomas ! Ils venaient de quartiers opposés, et Poole était dans l'ombre, donc l'autre ne le voyait pas. Le mulâtre accourut à côté, et, voyant que c'était le Don qui était tombé, il fouetta " J'ai sorti un couteau de sa ceinture et j'ai frappé notre jeune maître alors qu'il était agenouillé par terre. Non, maintenant, ne le faites pas ! N'ai-je pas dit qu'il n'était que peu blessé ? Le coup l'avait-il frappé assez dans le dos, comme c'était censé le faire, cela aurait sans doute mis fin à lui, mais Poole était à son secours, le pauvre garçon ! Il s'est jeté sur le mulâtre à temps. Le couteau avait à peine effleuré l'épaule de M. Rivers ; mais le jeune Tomas ne lâcha jamais prise. Lui et le fidèle garçon roulèrent ensemble sur le sol — et Poole ne se releva plus jamais. Son corps a été poignardé à une douzaine d'endroits. M. Rivers n'eut pas le temps d'intervenir ; Avant qu'il pût se relever, ou même tendre la main pour prendre son épée, une douzaine de soldats lui avaient imposé la main. Ce diable de Tomas a terminé son mauvais travail, puis s'est relevé et s'est éloigné ; jamais personne n'a posé le doigt sur lui ou n'a crié à la honte de cet acte ignoble ! »

Le vieux marin fit une pause et chaque homme du groupe poussa un juron entre ses dents serrées.
"Ils ont emmené M. Rivers au donjon du fort ?" J'ai chuchoté.
"Oui, c'est ce qu'on nous dit. Aucun de nous n'était là, ce qui est peut-être pour le bien de notre cou, mais j'aurais pourtant eu l'occasion de porter un grand coup pour défendre ce pauvre garçon."
"Et l'Espagnol... Don Pedro ?"
"Il y a quelque temps, ils l'ont transporté dans la maison du gouverneur. Je pense que sa blessure est mortelle."
"Alors il a provoqué sa mort, car il a forcé M. Rivers à se quereller", déclarai-je précipitamment.

« Cela devait arriver », a admis le capitaine Baulk, « il y a eu des tensions entre eux dès le début. Mais que ferons-nous de vous, maîtresse ? Vous ont-ils mis dehors par colère ? »

"Non," m'écriai-je, "j'ai entendu un grand bruit et je me suis dépêché d'en chercher la cause. La porte extérieure était laissée ouverte."

"Eh bien, maîtresse, nous ferions mieux d'y retourner avant qu'il ne ferme ! Ce n'est pas une heure ni un endroit pour qu'une jeune fille soit seule dehors." Me prenant par la main, il me ramena par où j'étais venu ; mais nous étions trop tard. L'entrée était fermée et barrée devant nous.

"Maintenant, que faire ?" s'écria le vieux marin consterné.

J'avais été trop écrasé et abasourdi par cette mauvaise nouvelle pour penser auparavant à mon imprudence ; mais maintenant je réalisais à quel point j'avais agi de manière très imprudente. Je me tournai précipitamment vers le vieux capitaine.

"Va et laisse-moi, mon bon ami", dis-je. "J'ai déjà eu assez de problèmes. Ne me laissez pas avoir à répondre de plus. J'attendrai ici et j'appellerai quelqu'un pour m'ouvrir. Il vaut mieux que je dise quelle est la vérité - que j'ai erré dans mon anxiété. Allez, je vous prie, et soyez discret dans votre conduite, afin qu'ils n'aient pas de juste motif de vous emprisonner également.

Il en comprit la sagesse et s'éloigna hors de vue, pendant que je frappais de toutes mes forces à la porte.

En un instant, des pas retentirent à l'intérieur, les barreaux tombèrent et la porte fut retirée. C'était le gouverneur lui-même qui se tenait là. Il m'a regardé avec étonnement alors qu'il s'écartait pour que je passe.

Je n'ai tenté aucune explication; car je savais qu'il ne pouvait pas me comprendre. Sans aucun doute, il le dirait à sa dame et elle me demanderait des comptes. Lentement, je montai sur le balcon au-dessus et poussa la porte de ma chambre.

La dame dormait toujours paisiblement. Je me dirigeai doucement vers la fenêtre et m'agenouillai. Mon cœur était malade pour le garçon fidèle qui était mort en défendant M. Rivers. Pauvre garçon! Il n'avait pas de mère — je me demande s'il y avait quelque part une petite fille qu'il aimait ? Mais non, il était jeune pour ça. Je pense que son amour appartenait uniquement à son maître. Et mourir pour ceux que l'on aime le plus n'est pas un sort aussi triste que de vivre pour leur perte !

Les larmes chaudes coulaient sur mon visage. J'ai appuyé ma joue contre les barreaux et j'ai libéré mes pensées qui se sont envolées, aussi rapides que des pigeons voyageurs, vers mon cher amour dans sa cellule de cachot.

Oh! Je voudrais que toutes les prières que je fais et toutes les tendres pensées que je pense à lui aient en vérité des ailes ; et qu'après s'être envolés vers le ciel , ils pourraient en rapporter un baume, une essence de la plus divine pitié, pour le réconforter dans sa solitude ! S'il en était ainsi, alors il y aurait dans un vol incessant, depuis la fenêtre grillagée où je m'agenouille, et vers le bas jusqu'à l'étroite fente du mur de sa prison, deux lignes brillantes d'ailes blanches battantes allant et venant pendant toutes ces longues nuits à travers !

CHAPITRE IX.

PLUSIEURS jours se sont écoulés depuis que j'ai commencé à écrire ces pages.

Toute la matinée après cette terrible nuit, j'attendais avec Barbara avec crainte quelque manifestation de la colère de Doña Orosia . Mais il n'y en avait pas et nous n'avons pas été convoqués ce jour-là. On nous apporta à manger, et nous restâmes comme prisonniers dans notre chambre. Don Pedro était très bas, nous dit le domestique, et la dame du gouverneur le soignait.

Une semaine s'est écoulée, la semaine la plus longue que j'aie jamais connue, et puis nous avons appris que Melinza allait guérir. Cependant, ce ne fut qu'après quinze jours de maladie que doña Orosia vint me rendre visite.

J'étais assis près de la fenêtre, la tête sur la main, et Barbara faisait quelques points de suture aux endroits usés de sa robe, lorsque la porte s'ouvrit pour laisser passer mon hôtesse.

Elle est venue droit vers moi avec une lueur de colère dans ses yeux sombres. Les longues nuits d'observation anxieuse avaient repoussé le sang de sa joue lisse et olive, et les lèvres rouges montraient encore plus de rougeur sa pâleur inhabituelle. Elle posa une main sur ma tête, la penchant vers l'arrière.

"Espèce de petit imbécile au visage blanc ! J'aurais aimé que tu n'aies jamais mis les pieds dans cette ville", cria-t-elle amèrement.

" Ah ! madame, je ne suis pas venu de mon plein gré ", lui répondis-je. "Moi et mon cher amour partirions volontiers d'ici, et vous nous en avez donné les moyens !"

"Il est probable que nous le ferons, vraiment", répondit-elle. « Il est probable que le gouverneur de San Augustin gardera une galère pour sillonner la côte pour le confort de vous, les intrus anglais ! Vous êtes venus deux autres ce matin, de la part du frère de Santa Catalina. »

« Encore deux prisonniers anglais ! M'écriai-je. "Qui sont-ils, madame ?"

"Je ne sais pas et je m'en fiche", a-t-elle déclaré. "Je ne me mêle pas de choses qui ne me concernent pas. Je viens ici maintenant mais pour savoir comment vous vous êtes retrouvé dans la rue à minuit. Si j'avais alors été à la place du gouverneur, je vous aurais fermé la porte au nez."

Je lui ai dit la vérité, comme cela m'était arrivé ; et quand elle l'eut entendu, son front s'éclaircit quelque peu.

"Me trompez-vous ? Vous n'êtes parti d'ici qu'après *le* duel ?"

« Madame, dis-je, je n'ai encore jamais menti, et je ne le ferais pas maintenant, si cela me sauvait la vie.

Sa lèvre se retroussa légèrement alors qu'elle se tournait pour partir. « Ne bougez donc pas de cette pièce jusqu'à ce que don Pedro se sente assez bien pour quitter la maison », dit-elle. "Si je pouvais l' empêcher , il ne devrait plus jamais regarder ton visage." Elle s'arrêta un instant, puis ajouta : « Je l' *empêcherai* !

"Amen à cela!" Dis-je, et je sentis le sang brûler chaudement sur ma joue.

Elle s'est retournée et m'a regardé, et j'ai rencontré son regard avec des yeux de défi.

— Amen, madame ! car vraiment je le hais de tout mon cœur !

Elle resta immobile, une lente pourpre montant sur son visage pâle, et je tremblai un peu devant ma propre audace. Puis, à ma grande surprise, elle s'est moquée de moi.

"Tu penses que tu le détestes désespérément ?" s'exclama-t-elle. « Enfant idiot, il n'est pas en ton pouvoir de haïr cet homme comme je le fais, comme je le fais depuis des années ! et sur ce, elle est partie et m'a laissé perplexe.

CHAPITRE X.

Juillet , le 16ème jour.

Deux choses sont arrivées récemment pour briser la triste monotonie de ma vie entre ces murs.

Doña Orosia et Melinza ont eu un désaccord, ce qui a entraîné son renvoi, à sa propre demande. Bien que je ne sache rien de la cause de leur querelle, les dernières paroles que Doña Orosia m'a adressées l'autre jour permettent de comprendre la réticence de cet homme à rester ici sous sa garde, et pourtant on dit que ce sont ses soins qui lui ont sauvé la vie. ! J'aimerais pouvoir tout comprendre !

Depuis son départ, j'ai la liberté de la cour et du jardin ; et hier, par hasard, j'ai eu une conversation avec un des prisonniers anglais nouvellement arrivés.

C'était une journée de chaleur terrible et, juste à la tombée de la nuit, je me promenais tout seul dans le jardin. Il y a un haut mur qui relie la demeure de telle sorte qu'elles forment ensemble un carré creux. Ce mur est en pierre grise et tendre ; il est d'une bonne épaisseur et à peu près de la hauteur d'un homme. Au sommet, des pointes acérées sont placées ; et près d'un coin se trouve une porte en fer forgé d'une grande solidité, qui est solidement verrouillée.

Il n'est pas fréquent que je m'aventure près de cette porte, car elle donne sur la rue, et je ne me soucie pas d'être vu par un Indien ou un métis Espagnol qui pourrait passer par là ; mais alors que je me tenais sous la tonnelle couverte de vignes au centre du jardin, j'entendis une voix d'homme venant de la direction de la porte, fredonnant une portée d' un air maritime que j'avais entendu chanter maintes et maintes fois par les matelots du sloop : dans lequel quelque belle inconnue est ardemment invitée à...

"... sois la dame du capitaine !"

et je savais que ce devait être un ami. Je me suis donc dépêché d'y aller et j'ai regardé dans la rue.

Effectivement, c'était le vieux capitaine Baulk, et avec lui un gentleman dont le visage, même au crépuscule, m'était bien connu , — il n'était autre que M. John Collins de la Barbade (le même qui nous avait donné des nouvelles de mon pauvre du côté de mon père, et un de nos compagnons de voyage sur les *Trois Frères*).

Ils m'ont tous deux accueilli très gentiment et m'ont demandé sérieusement comment j'allais et si j'avais été bien traité. Il semble que depuis des jours ils essayaient de me parler, mais n'en trouvaient aucun pour transmettre un message ; ainsi , depuis deux nuits, ils traînaient autour de la porte, espérant que par hasard je pourrais sortir vers eux.

M. Collins m'a raconté comment le sloop avait été renvoyé à Santa Catalina avec des lettres au frère et au gouverneur de San Augustin, exigeant notre libération au motif que la paix subsistait désormais entre les couronnes d'Angleterre et d'Espagne, et aucun acte d'hostilité n'avait été commis par nous, notre capture était injustifiée. Mais Padre Ignacio, avec sa langue plausible, les avait séduits à terre et les avait amenés à son pouvoir.

"Cet homme est un véritable diable pour les belles paroles et les douces tromperies", a déclaré M. Collins. « Malgré tous les avertissements que nous avions reçus, certains d'entre nous ont débarqué sans avoir au préalable demandé des otages aux Indiens ; et alors que nous aurions voulu partir, deux d'entre nous ont été détenus de force sous prétexte de ne pas avoir les titres de créance nécessaires pour prouver notre honnêteté. Nous avons été accusés d'intentions de piraterie, bien que nous n'ayons pas même brisé un pistolet ni attiré un barbare à bord. Le sloop s'est attardé pendant trois jours, mais a finalement pris la fuite, nous laissant entre les mains du padre. Il nous a envoyés ici en canoë, sous la garde d'une vingtaine de sauvages à moitié nus, aux couronnes rasées, qui ne sont pas plus des chrétiens convertis que les démons de l'enfer !

J'ai alors demandé des nouvelles de mon oncle, le Dr Scrivener, et M. Collins m'a assuré qu'il était très soucieux de ma sécurité et qu'il serait revenu avec eux pour nous demander du frère, mais il avait reçu une blessure. au cou lors de l'attaque de Santa Catalina et n'était pas en état de voyager, bien que la blessure cicatrisait bien - ce dont Dieu soit reconnaissant !

Jusqu'à présent, tous les prisonniers, à l'exception de M. Rivers, ont la liberté de la ville ; mais le capitaine Baulk déclara qu'il aimerait être enfermé dans le fort.

« Il n'y a guère que deux hommes honnêtes, à notre propre sauvegarde, dans tout San Augustin, dit-il. « Le pensionnat où nous dormons est rempli de métis sales et voleurs, qui trancheraient aussi volontiers la gorge d'un homme que celle d'un cochon . Bien qu'ils nous retiennent comme invités contre notre gré, nous devons même payer notre propre compte ; et une belle nuit, remarquez- moi ! nous nous retrouverons sans bourses.

"Alors le gouverneur se chargera de nos divertissements", a déclaré M. Collins.

" Ce sera le prix de la prison, monsieur, " grogna le vieux marin, " et nous aurons de la chance s'il ne trouve pas moins cher de nous jeter par-dessus bord et d'en finir avec ça ! "

« Eh bien ! mec, taisez-vous en présence de la pauvre jeune dame », murmura M. Collins ; mais j'ai entendu ce qu'il a dit et je lui ai demandé de nous raconter notre véritable cas et quel véritable espoir il y avait de notre libération.

"Il y a toutes les certitudes", a-t-il déclaré. "Quand la nouvelle parviendra à leurs Seigneuries en Angleterre, elles ne manqueront pas de porter plainte auprès du Conseil espagnol, et elles n'ont aucune raison valable de refuser de nous libérer. Mais j'espère que nous n'aurons pas à attendre cela. Si nous avions Gouverneur d'esprit, au lieu d'un vieillard timoré comme Sayle , il aurait déjà envoyé la frégate ici pour nous réclamer des Espagnols. Les hommes ne manquent pas pour mener à bien l'entreprise : le capitaine Brayne pouvait à peine être empêché de fondre en piqué. sur toute la garnison, comme Rob Searle l'a fait, il n'y a pas longtemps, lorsqu'il a sauvé le Dr Woodward de leurs griffes.

" Capitaine Brayne !... la frégate ! Voulez-vous dire que le *Carolina* est arrivé ? "

« Deux mois d'avance sur notre sloop », a déclaré M. Collins ; "Mais le gouverneur Sayle l' a envoyée en Virginie pour des provisions dont nous commencions à manquer. On n'a pas entendu parler du *Port-Royal* , *on craint donc qu'il n'ait coulé dans la tempête.*"

Il me parla ensuite de la nouvelle colonie qui avait déjà été aménagée à un endroit appelé Kiawah, pays très beau et très fertile, que Dieu veuille que je puisse voir un jour !

A mon tour, je racontai tout ce qui m'était arrivé depuis que nous étions arrivés à cet endroit. Ils m'écoutèrent très gravement et me promirent de trouver un moyen de communiquer avec moi en cas de besoin.

Puis, comme il se faisait très tard, nous nous séparâmes en promettant de nous retrouver la nuit suivante ; et je retournai doucement à la maison et à ma petite chambre, grandement réconforté d'avoir maintenant un digne gentleman comme M. Collins avec qui je pouvais conseiller ; car avec sa connaissance de la langue espagnole et son bon jugement, j'espère qu'il pourra influencer le gouverneur en notre faveur .

Le soleil se couche maintenant, je pense, même si je ne peux pas le voir de ma fenêtre ; car tout le ciel à l'extérieur est légèrement rose, et chaque ondulation sur la baie fait rougir une joue vers l'ouest. Je dois m'allonger près de mon stylo et guetter une occasion d'avoir un rendez-vous galant à la porte avec mes deux bons amis....

Neuf heures du chrono .

Dieu aide moi! J'ai attendu dans le jardin jusqu'à ce que j'entende un coup de sifflet et je me suis glissé jusqu'à la porte comme auparavant.

Un homme a tendu la main et a attrapé la mienne à travers les barreaux. C'était ce vil Tomas, le misérable qui aurait assassiné mon cher amour ! J'ai crié et je me suis enfui, mais il m'a appelé en espagnol. Ces mots me paraissaient étranges, mais le ton de sa voix et son rire grossier n'avaient pas besoin d'être interprétés !

Alors que je survolais le jardin, trop effrayée pour tenter de me cacher, Doña Orosia sortit dans la cour et demanda une explication. Je ne savais que dire, car je ne pouvais pas divulguer le motif qui m'avait envoyé dehors ; mais je lui ai dit qu'un homme m'avait appelé depuis la porte, et quand je me suis approché pour voir de qui il s'agissait, j'ai reconnu le serviteur de Melinza .

Elle parut douter de moi au début, jusqu'à ce que je le décris de près ; alors elle fut très en colère et m'interdit complètement le jardin.

"Si je te retrouve ici seul," siffla-t-elle en saisissant mon épaule sans aucune tendresse, "si je te retrouve ici, je tournerai la clé sur toi et te garderai prisonnier dans ta chambre."

Alors maintenant je n'ose plus m'aventurer au-delà de la cour et des balcons ; et il n'y aura aucune chance de parler avec M. Collins à moins qu'il n'ose venir sous ma fenêtre, et il y a peu d'espoir qu'il le fasse sans être vu, car c'est bien en vue depuis les remparts du fort, où une sentinelle circule jour après jour. et la nuit.

CHAPITRE XI.

Quand j'ai commencé ce récit de notre captivité, c'était avec l'espoir de trouver un moyen de le transmettre à des amis, dans ce pays ou en Angleterre, qui s'intéresseraient à obtenir notre libération. Cependant, d'après ce que m'a dit M. Collins, je suis assuré que la nouvelle de la capture de M. Rivers a déjà été envoyée à Leurs Seigneuries les propriétaires, et mon dossier ne semble plus qu'un travail inutile . Pourtant, de temps en temps, pour mon propre réconfort, j'y ajouterai ; et peut-être qu'un jour, en sécurité et en liberté, moi et un autre pourrons lire ensemble ses pages tachées de larmes.

Aujourd'hui, j'ai atteint la dix-septième année de mon âge. C'est un double anniversaire, car il y a un an cette nuit, c'est-à-dire la veille de notre départ d'Angleterre, j'ai vu pour la première fois mon cher amour.

Est-il possible que lui, dans sa prison douloureuse, ait pris en compte les jours qui passent et se souvienne de cette nuit d'il y a un an ? « Nous serions plus semblables à un homme s'il ne pensait pas à la date jusqu'à ce qu'elle soit passée ; pourtant je me demande grandement s'il a oublié.

Quant à moi, le souvenir m'accompagne de toutes ces heures depuis que j'ai ouvert les yeux à l'aube.

Je vois maintenant la cabine bien éclairée du *Carolina* , où la longue table de souper était dressée pour les nombreux passagers qui devaient partir le lendemain pour un monde nouveau. J'avais été séparé d'une manière ou d'une autre de mon oncle, le Dr Scrivener, et je me tenais sur le seuil de la cabine, à moitié effrayé à l'idée de m'aventurer et de croiser le regard de tous les étrangers présents. Je sentis le rouge monter chaudement sur ma joue, et mes pieds étaient très désireux de m'enfuir, lorsque le capitaine Henry Brayne , le courageux et joyeux commandant de la frégate, m'aperçut et, se levant précipitamment, me conduisit à un siège à sa propre main droite.

(Je me souviens que je portais une nouvelle robe de fin drap bleu, d'une couleur douce et tendre , qui me allait bien.)

En prenant place, je jetai timidement un coup d'œil autour de moi et vis, à l'autre bout de la longue table, le gentleman le plus vaillant que j'aie jamais vu au cours de mes seize années de vie. Il me regardait directement, et bientôt il leva son verre et dit :

"Capitaine Brayne , je vous donne *le Carolina et tous les trésors qu'il contient* !"

Il y eut quelques rires pendant que le toast était porté, et mon oncle, qui venait à ce moment-là d'entrer et de prendre place à côté de moi, me demanda une explication.

« Non, docteur Scrivener, » dit le jovial capitaine, « il est peu probable que la petite dame soit présente. Mais maintenant je vous donne... la santé *de maîtresse Tudor* ! -nuit!)"

Et c'était il y a à peine un an. Je n'aurais jamais imaginé qu'à dix-sept ans je puisse me sentir si vieux.

CHAPITRE XII.

Oh! mais j'ai été en colère ce jour-là !

Quoi? Quand mon fiancé repose en prison, malade peut-être, ou qu'il s'inquiète de son courageux cœur, dois-je être traîné dehors pour participer à un spectacle pour le divertissement de ses geôliers ? Je préférerais avoir la cellule la plus basse du donjon… ouais ! et mourir de faim et d'étouffer faute de nourriture et d'air, que d'être obligé de me parer d'une bravoure empruntée, de m'asseoir en train de tondre et de sourire dans un pavillon gai, et de applaudir en transport devant les beaux airs cavaliers de l'homme que je déteste le plus. !

Me prennent-ils pour un petit imbécile si insipide que je puisse être contraint de suivre la voie qu'ils choisissent ? Non, alors, ils ont appris une leçon. Oh, mais c'est bien d'être en colère pour une fois !

J'étais devenu si fatigué et malade au cœur que le sang rampait lentement dans mes veines ; mes yeux étaient ternes et lourds ; J'étais assis sans énergie, les mains oisives, jour après jour, attendant – attendant je ne savais quoi ! C'est pourquoi je n'avais ni la volonté ni le courage de m'opposer à la femme du gouverneur lorsqu'elle est venue me voir ce matin et m'a demandé de porter la robe qu'elle avait apportée, d'épingler une fleur dans mes cheveux et de m'asseoir avec elle dans le pavillon du gouverneur pour voir le beau défilé passe.

"C'est un grand jour à San Augustin", a-t-elle déclaré, "car c'est le cent-cinquième anniversaire de sa fondation par les Espagnols".

Comme les captifs d'autrefois participaient au triomphe de leurs conquérants, il était tout à fait approprié que je prête le peu que je possédais de jeunesse et d'équité à l'organisation d'une fête espagnole !

Mais j'étais alors trop démoralisé pour oser un refus. J'inclinai la tête assez docilement tandis que Chépa , la négresse souriante et bon enfant, rassemblait les plis bruissants du jupon de soie verte et le glissait sur mes épaules. Je n'ai fait aucune objection pendant qu'elle bouclait et tordait les longues tresses de mes cheveux jaunes, les attachant haut avec un grand peigne et nouant un nœud de ruban de velours noir sur chacune des petites touffes volontaires de boucles qui tombaient toujours autour de mes oreilles.

Quand tout fut fini, et la mantille de dentelle attachée à mon peigne et drapée autour de mes épaules, je fus poussé par les cris d'admiration de Barbara à jeter un coup d'œil sur le miroir. C'est un tableau inconnu que j'ai vu là, et mon visage pâle rougit d'une certaine mortification qu'il se soit prêté si gentiment à une mode étrangère.

J'aurais abandonné toutes mes bravoures à ce moment-là ; mais à ce moment-là arriva un message de Doña Orosia , me demandant de me dépêcher.

"Qu'est-ce qui m'importe maintenant ?" Pensai-je avec lassitude ; et, descendant lentement vers la cour, je pris place dans la chaise fermée qui attendait, et je fus porté après la dame du gouverneur jusqu'à la place, où, à l'extrémité ouest, face à la petite place ouverte, se trouvait le pavillon gai.

Ses bannières rouges et jaunes brillaient brillamment dans la chaleur du soleil de l'après-midi d'été, et la brise fraîche de la mer faisait flotter les pompons et les banderoles, comme des papillons planant au-dessus d'un parterre de fleurs.

Trois côtés de la place étaient remplis de spectateurs, mais l'extrémité est, qui s'ouvrait vers la baie, était laissée libre pour que les troupes puissent y entrer.

Contre la légère balustrade du petit pavillon s'appuyait Doña Orosia , étrangement blonde dans une robe de dentelle noire et jaune primevère, qui transformait les contours doux de sa gorge et de ses joues de l'olive pâle à la perle la plus pure. Elle n'a daigné me jeter qu'un seul regard froid et hostile ; puis elle se pencha en avant comme auparavant, son éventail levé protégeant ses yeux de l'éclat de la mer embrassée par le soleil.

Bientôt, au son des trompettes et au roulement profond des tambours, les troupes du roi arrivèrent en vue, fortes de trois cents hommes.

À la tête de la petite troupe qui marchait à pied, se trouvaient Melinza et le gouverneur. «C'était la première fois que je voyais un cheval en ville.

Le vieux señor de Colis était monté sur un beau bai qui caracolait et se courbait sous lui, à son inconfort le plus évident ; mais le siège de Melinza était superbe. C'était un gris pommelé qu'il montait, avec une crinière flottante et une queue d'un blanc argenté ; une rosace cramoisie était attachée à son toupet frisé, et le long tapis de selle était richement brodé.

Tandis que la petite compagnie faisait le tour de la place, les deux cavaliers saluèrent notre pavillon. Don Pedro leva bien haut son chapeau à plumes, et je vis que son visage était pâle à cause de sa récente blessure, mais que ses yeux noirs et audacieux étaient aussi brillants qu'ils l'avaient jamais été.

Je me retirai précipitamment du devant du pavillon et ne fis aucune prétention de lui rendre son salut. Puis, pour la première fois depuis que je m'étais assis à côté d'elle, Doña Orosia me parla.

"Pourquoi un tel manque de courtoisie ?" » demanda-t-elle en haussant les sourcils.

« Madame, répondis-je, si ma fiancée avait été ici à mes côtés, une invitée d'honneur , j'aurais eu plus de grâce à ma disposition.

"Quoi!" s'écria-t-elle, n'avez-vous pas encore eu le temps d'oublier votre querelleur cavalier ?

"Je l'oublierai, madame, quand je cesserai de me souvenir de la trahison de ceux qui se disaient ses amuseurs."

Elle rougit de colère. "Ta langue a plus d'esprit que ton visage. Je me demande si tu as le courage de me dire ça."

"J'ose, car je n'ai plus rien à perdre, madame !"

" Le dis -tu ? Préférerais-tu que je te confie à Melinza ? "

"Non!" m'écriai-je, "vous ne pourriez pas - une telle infidélité dépasserait les limites de la trahison même espagnole! Et vous ne le feriez pas - cela vous plairait mieux *s'il ne revoyait plus jamais mes yeux* ! Je m'étonne seulement que vous ayez dû m'amener ici pour -jour!"

Elle ouvrit les lèvres pour parler ; mais le son des trompettes a noyé les paroles, et elle s'est détournée de moi.

Les troupes étaient alignées sur la place : à droite, les réguliers espagnols de la garnison ; à gauche, les compagnies de milice, apparues au moment où nous parlions. Ces derniers étaient composés, pour la plupart, de mulâtres et d' Indiens métis, une bande au visage basané et de mauvaise mine qui semblait plus apte à la guerre sauvage, aux embuscades et aux flèches empoisonnées qu'aux exploits valeureux et à l'épée honnête. jouer.

Les diverses manœuvres des troupes, sous la direction habile de don Pèdre, occupèrent notre attention pendant plus d'une heure, pendant laquelle mon compagnon parut complètement inconscient de ma présence. Elle restait immobile, à l'exception du balancement de son éventail. Une seule fois, son visage n'exprimait qu'une attention fixe, et c'est alors qu'une soudaine fanfare de trompettes fit plonger le cheval du gouverneur, et le vieil homme s'avança sur le pommeau de sa selle, son chapeau à plumes glissant sur ses yeux.

Pendant un instant, l'éventail vacillant resta immobile ; un rire sourd résonna à mon oreille, et, en me retournant, je vis les lèvres rouges de la dame du gouverneur prendre une courbe très méprisante.

Elle le reçut cependant assez gracieusement lorsque, la revue étant terminée, il descendit de cheval et nous rejoignit dans le pavillon.

Melinza s'était retirée avec les troupes ; mais au moment où le dernier rang disparaissait, il revint au galop à toute vitesse, se jeta à bas de la selle, et, lançant les rênes à un serviteur, monta l'escalier du pavillon.

Je sentais que les yeux de Doña Orosia étaient fixés sur moi, et je croyais qu'elle m'aimait néanmoins à cause de mon hostilité envers cet homme. C'est peut-être cela qui m'a donné du courage, je ne sais pas, je pense que de toute façon, je n'aurais pas touché sa main.

Il rougit profondément quand je mis les miens derrière mon dos ; puis, avec la plus grande effronterie, il se pencha en avant et arracha une petite rosette noire qui s'était détachée de mes boucles et glissait sur mon épaule. Il le porta à ses lèvres en riant, puis l'attacha sur sa poitrine.

J'étais profondément en colère et je cherchais des moyens de représailles qui lui montreraient le mépris dans lequel je le tenais.

Au pied du pavillon se tenait le jeune qui tenait le cheval de Melinza .

Je me penchai par-dessus la balustrade, et détachant rapidement les cheveux de l'homme à la rosette que portait Don Pedro, je les lançai au garçon en bas, en disant, dans presque les seuls mots espagnols que je connaissais :

"C'est un cadeau!"

de Melinza devint blanc de colère ; il arracha le morceau de ruban et l'écrasa sous son talon ; puis il descendit l'escalier, monta à cheval et s'en alla.

La dame du gouverneur le surveilla jusqu'à ce qu'il soit hors de vue ; puis, avec un sourire étrange, elle me dit :

"Je n'aurais jamais cru que les yeux bleus contenaient autant de feu. Je pense, ma petite sainte, qu'il est temps que je te renvoie à ton ancienne duègne."

"Je vous remercierais pour tant de grâce !" fut ma réponse. Et je fus immédiatement renvoyé vers Barbara .

Mais bien que je sois resté quelques heures dans ma chambre, mon indignation ne s'est pas calmée. La simple vue du visage de cet homme est plus que ce que je peux supporter !

Je suis résolu à ne jamais mettre les pieds devant ma porte s'il y a une chance de le rencontrer, et j'informerai donc la femme du gouverneur à son retour....

Elle se moque de moi ! Elle déclare que je ferai tout ce qui lui plaira ! Et quelle est ma petite force par rapport à la sienne ? Avec toute la volonté du monde de lui résister, je suis comme de la cire entre ses mains !

CHAPITRE XIII.

LE premier jour de mars.

Depuis six mois, je n'ai rien ajouté à ce disque ; bien que maintes et maintes fois j'ai pris ma plume pour écrire, puis je l'ai laissée de côté, sans aucune marque sur la nouvelle page. Le chagrin d'amour peut-il être écrit avec des mots ? La solitude et le désir, la désolation de celui qui n'a aucune créature humaine à qui prodiguer amour et soins, la misère sourde qui n'est connue que de ceux dont les mieux-aimés souffrent des pires malheurs de cette triste vie, peuvent-ils tous être dit? Ah non! on ne peut que les ressentir, les supporter, et s'en laisser écraser.

Sans la bonne vieille dame, je ne sais ce que je serais devenu. Bien des jours et de nombreuses nuits, je me suis accroché à elle pendant des heures, pleurant et criant à haute voix : « Je ne peux pas le supporter ! Je ne peux pas ! Quel choix avais-je sinon de le supporter ? Et les larmes ne peuvent pas couler éternellement ; le calme de la lassitude totale réussit.

Ce n'est pas que j'ai été maltraité . Je suis bien logé, joliment vêtu et nourri. À moins que Melinza – ou un autre invité – ne soit présent, je m'assois à la table du gouverneur. Sa femme fait de moi quelque chose entre un compagnon et un jouet : un moment je dois supporter sa bonté capricieuse ; le lendemain, je suis taquiné ou chassé d'elle avec aussi peu de courtoisie qu'elle en montre au noble chien qui la suit comme sa propre ombre.

Jusqu'à récemment, j'ai peu vu Melinza . Au début de l'hiver, il partit pour La Havane et resta absent deux mois, période pendant laquelle j'eus plus de tranquillité d'esprit que je n'en ai connu depuis notre arrivée ici. Mais depuis son retour, il a essayé de diverses manières de s'imposer en ma présence ; et Doña Orosia , qui pourrait si facilement me protéger si elle le voulait, avant de venir à mon secours, lui permet de m'ennuyer jusqu'à ce que je sois excité au point de me repousser passionnément. On pourrait presque croire qu'elle aime me voir souffrir, à moins que ce soit le spectacle de sa déconfiture qui lui procure une telle satisfaction.

Mais tout cela, je pourrais le supporter si seulement mon cher amour était libre ! J'ai entendu dire qu'il était malade. Ce n'est peut-être pas vrai, — Dieu veuille que ce ne soit pas le cas ! Pourtant, même si la rumeur m'est parvenue par des voies détournées, et enfin par les lèvres de la vieille Barbara (et elle est toujours encline à penser au pire), c'est plus que possible ! Moi-même, j'ai un peu souffert de cette longue détention ; et dans quel pire cas se trouve-t-il !

J'ai essayé de m'occuper pour éviter que mes pensées ne s'attardent éternellement sur notre malheureux état. Au cours des six derniers mois, j'ai tellement maîtrisé la langue espagnole que je peux désormais converser avec plus de facilité qu'en français. Le gouverneur déclare que j'ai la vraie intonation ; et même Doña Orosia admet que j'ai fait preuve d'une certaine aptitude. Je ne m'en soucie pas comme d'un simple accomplissement ; mais j'espère que ces connaissances pourront être utiles si jamais nous tentons de nous échapper. (Mais quelle chance de s'échapper y a-t-il lorsque M. Rivers se trouve entre des murs de pierre et que je n'ai même aucun moyen de converser avec M. Collins ?)

J'ai une autre réussite qui m'a valu plus de faveur auprès de la femme du gouverneur qu'autre chose. Elle découvrit un jour que j'avais une certaine habileté au luth et une voix qui ne manquait pas de douceur ; et maintenant elle me fera chanter des heures et des heures jusqu'à ce que ma gorge soit fatiguée et que je doive implorer du repos.

J'ai eu récemment avec elle une conversation qui me hante toutes les heures depuis ; car cela m'a montré un côté de sa nature que je n'avais pas vu auparavant, et cela m'amène à penser que sous son caprice et sa pétulance se cache un dessein profond.

J'avais épuisé ma liste de chansons, et comme elle en demandait encore, je me souvins d'une vieille ballade curieuse que j'avais entendue il y a de nombreuses années. L'air m'a échappé pendant un moment ; mais mes doigts, égarés sur les cordes, tombèrent tout à coup dans la mélodie plaintive ; avec ça, les mots aussi me sont revenus.

J'ai dit adieu à mon amour , avec des larmes ;
Il m'a fait ses adieux . "
Comment vais -je passer les longues, longues années ?"
"Je dois partir " , dit-il.

Les larmes Le mien a coulé comme l'eau d'
une source ;
Mais pendant que je félicite , mon amour est entré pour
se régaler et se réjouir !

Les larmes Frae mine a commencé
Salt comme la marée saumâtre :
Sae sair mon chagrin, sae fu' mon cœur,
j'ai pleuré une rivière large.

Adoon ce ruisseau, mon homme a erré
et a traversé la mer des larmes .
O comment vais -je avoir un vrai véritable amour
pour rester à moi avec moi ?

Les longues, longues années qu'ils ne passeront pas ;
Monseigneur est toujours absent .
Peut-être qu'il aime une jeune fille plus belle...
O wae la warst ava !

Comment vais -je faire vivre mon amant ?
Je boirai les larmes des mers !
Mes mou ' rouges à leur faem saumâtre ,
je les égoutterai sur lies !

Puis gin, il vient na Bientôt , je
vais épouser
son véritable amour, je kilterai mes claes, j'enfilerai mon soon
et je traverserai le lit asséché de la mer.

" Oh dans ton cœur, mon amour, mon seigneur,
fais -moi de la place, fais -moi de la place ;
ou à tes pieds, par ma vraie parole,
la tombe de ta dame sera ! "

"Un air mélancolique, mais avec une tristesse quelque peu agréable dans ses cadences mineures", commenta Doña Orosia lorsque j'eus terminé. "Traduisez-moi les mots, et votre espagnol suffit."

"Ce n'est pas le cas, je le crains", fut ma réponse, "et la tâche me dépasse pour la raison supplémentaire que la chanson n'est même pas anglaise, mais dans un dialecte écossais. Ce n'est que la plainte d'une pauvre dame. dont l'esprit semble s'être égaré dans sa longue attente d'un amant infidèle » - et je lui ai donné le sens des vers du mieux que je pouvais.

"Non," dit l'Espagnole avec un singulier sourire. "Elle a plus d'esprit que vous ne le croyez. Remarquez-moi, le flot des larmes d'une femme emportera un homme plus loin qu'un puissant fleuve, et ses soupirs l'emportent plus rapidement que le vent le plus fort. Et une fois qu'il est parti, emportant avec lui un tel souvenir d'elle, il lui serait bien plus facile de boire l'océan à sec que de le ramener à la maison. Car qu'un homme soupçonne qu'une femme *pourrait* lui briser le cœur pour lui, et il... est plus que je suis content de la laisser faire ! »

Elle fit une pause ; mais je ne répondis pas, n'en ayant pas sur la langue. Puis elle ajouta : « Lorsqu'une femme a la folie de plaider pour elle-même, à ce moment-là elle assassine l'Amour ; et chaque larme qu'elle verse ensuite devient une autre motte sur sa tombe. Il ne lui reste qu'une chose à faire... »

"Elle-même à mourir!" murmurai-je.

"Non, mon enfant ! Vivre et se venger !" Elle tourna vers moi un visage rouge ; et, même si l'eau lui restait dans les yeux, ils étaient durs et en colère. "Pour se venger ! Comploter et comploter ; attendre patiemment son heure ; étudier le désir de son cœur et le nourrir ; et ensuite... "

"Et puis?" Questionnai-je doucement, avec de petits frissons de répulsion me glaçant de la tête aux pieds.

" *Pour le lui voler.* "

Les mots ont été prononcés délibérément, d'une voix résonante et lente. « Ce n'était pas comme l'explosion d'une impulsion d'un instant – le cliquetis soudain d'une corde de harpe brutalement touchée ; c'était plutôt avec l'emphase fatidique d'une horloge sonnant l'heure, annoncée par un frémissement prémonitoire – un rassemblement de forces intérieures qui avaient attendu pendant de longs moments cet énoncé final.

De quel genre de femme s'agissait-il ? J'ai repris mon souffle avec un petit cri frissonnant.

Doña Orosia se tourna rapidement.

"Allez ! Laissez-moi !" elle a pleuré. "Tu t'attardes ? Ne puis-je jamais me débarrasser de toi ? Hors de ma vue ! J'aurais un moment de répit devant tes grands yeux et ton visage blanc. Partez !"

Et je lui ai obéi.

CHAPITRE XIV.

Mars, le 9ème jour.

Doña Orosia m'a fait venir aujourd'hui à midi. Il y avait des nouvelles à annoncer, et elle a choisi d'être celle qui l'annoncerait.

Je l'ai trouvée dans son préféré siège, un grand canapé moelleux, recouvert de riches étoffes mauresques, et placé à l'ombre du balcon qui donne sur le jardin ensoleillé. Sur chacun des piliers lumineux d'où jaillissent les arcs gracieux qui soutiennent ce balcon grimpe une masse de vignes en fleurs qui tissent leurs délicates vrilles autour de la balustrade au-dessus puis descendent à nouveau en festons de couleurs ondulantes . Derrière, dans l'ombre lumineuse, elle gisait lovée et à moitié endormie ; avec un grand éventail de plumes de dinde en bronze dans une main paresseuse, l'autre taquinant le chien fauve étendu à ses pieds.

Elle a ouvert ses grands yeux alors que je m'approchais.

" Ah ! la petite Marguerite aux yeux bleus, la petite sainte qui fronce les sourcils quand les hommes adorent son sanctuaire, " dit-elle lentement. "Il y a des nouvelles pour vous. La *Virgen de la Mar* est arrivée hier soir de La Havane, apportant l'ordre du Conseil d'Espagne que les prisonniers anglais détenus ici soient immédiatement libérés. Car il semble qu'il ait été présenté au Conseil, par l'intermédiaire de notre ambassadeur à la Cour d'Angleterre, un mémoire qui prouve clairement que ces personnes n'ont provoqué aucune provocation à l'égard d'aucun sujet de Sa Majesté catholique, Charles II d'Espagne, et sont donc illégalement emprisonnées. L'éventail agité s'arrêta brusquement et ses yeux brillants étaient à moitié voilés.

"Est-ce vrai?" J'ai demandé, car mon cœur m'a trompé.

Elle a ri. " Il est vrai que la *Virgen de la Mar* a porté ces ordres au gouverneur de San Augustin... et que mon mari les a reçus. "

« Leur obéira-t-il, señora ?

"Qui leur obéira ?" elle a demandé; et il y avait une lueur de dents blanches sous la lèvre rouge et recourbée. "Mon mari ou le gouverneur de San Augustin ?"

"Ce ne sont pas les mêmes ?"

« Si tu le penses, petit imbécile, » s'écria-t-elle en se levant à moitié de son lit ; "Si tu le penses encore, tu ferais mieux de retourner dans ta chambre et de prier pour que toi et ton amant sortez de prison !"

Je n'ai fait aucune réponse; J'ai attendu, sans grand espoir, ce qu'elle dirait ensuite. Mon cœur était très plein, mais je ne voulais pas lui faire plaisir en pleurant.

« Mon enfant, » continua-t-elle en s'enfonçant dans les coussins et en parlant d'une manière lente et impressionnante, « il y a *deux* gouverneurs à San Augustin – et ils ne reçoivent leurs commandements ni de l'enfant-roi, ni de la reine-mère, ni d'aucun des autres. " Le Conseil Espagnol. Mon mari n'en est pas un ; il leur obéit tour à tour. Son Excellence Don Pedro Melinza décrète que ces ordres d'Espagne seront exécutés sauf dans le cas d'un certain Señor Rivers, qui sera retenu ici pour répondre d'un agression non provoquée contre l'un des sujets de Sa Majesté, qu'il a grièvement blessé ; également pour avoir incité d'autres de ses codétenus à rompre leur libération conditionnelle, et pour diverses autres infractions contre la paix de cette garnison, toutes accusations que Melinza jurera être vraies. ".

"Est-il si perdu d' honneur ? Et votre mari le maintiendra-t-il dans le mensonge ?"

"Écoutez-moi bien," continua-t-elle sur le même ton. " Melinza décide également que ces ordres n'incluent pas la señorita anglaise , Doña Margaret, qu'il a l'intention de détenir ici pour——pour des raisons qu'il connaît mieux; bien que l'autre gouverneur de San Augustin décrète"——elle partit de son nid des oreillers et continua sur un tout autre ton : « *Je* dis... *je* dis... que vous quitterez cet endroit avec les autres prisonniers, et mon mari n'ose pas s'opposer à moi ! J'en ai marre de votre visage blanc et de vos saints yeux bleus ; Je suis fatigué à mort de votre compagnie ; mais je jure que Melinza ne vous aura pas ! Par conséquent , vous devez partir et rapidement.

"Et laisser ma fiancée à la merci de Don Pedro ?"

" Qu'est-ce que ça m'importe ? Laisse-le pourrir dans son cachot. Je m'en fiche, alors je suis débarrassé de ton visage blanc. "

Elle ferma les yeux avec colère et tendit sa pantoufle vers le chien endormi. Il leva sa grosse tête et bâilla ; puis, ramassant son énorme masse sur le sol, il se rapprocha de sa maîtresse et renifla l'air avec sollicitude, comme s'il cherchait une cause à son mécontentement. Il y avait un plat de gâteaux à côté d'elle, elle en prit un entre ses doigts blancs et le lança au chien. Il le laissa tomber par terre et le renifla d'un air dubitatif, tirant une langue expérimentale, jusqu'à ce que, le trouvant à son goût, il l'avala d'un trait. Sa maîtresse rit et lui en lança un autre, qui disparut dans ses grandes mâchoires. Un troisième connut le même sort ; mais elle lui tendit la quatrième dans sa paume rose, et, comme il voulait la prendre , elle lui arracha la main. À maintes reprises, la pauvre brute s'efforçait de saisir le morceau offert, mais chaque fois il lui était retiré hors de sa portée ; jusqu'à ce que finalement son corps souple soit lancé vers le haut, et il casse à la fois le gâteau et la main qui le taquinait.

« Ce n'était qu'une simple égratignure, et en réalité le chien ne le pensait pas par colère ; mais à l'instant Doña Orosia rougit jusqu'au front, et, remontant sa jupe de soie, elle arracha de sa jarretière un poignard orné de pierreries et l'enfonça jusqu'à la garde dans la gorge de la pauvre bête. Le sang rouge jaillit et l'énorme corps tomba en un tas fauve.

Je me précipitai et soulevai la grosse tête ; mais les yeux étaient vitreux.

" Madame ! " Je m'écriai : « Señora ! la pauvre brute vous aimait !

Elle repoussa le corps inerte d'un pied négligent, en disant :

"Une fois aussi, l'homme qui me l'a donné."

Alors elle frappa dans ses mains, et le serviteur nègre vint et, sur son ordre, entraîna le cadavre, essuya le sol ensanglanté et apporta une bassine d'eau claire et un linge pour laver l'égratignure de sa main. Quand il fut parti , elle m'obligea à le nouer avec son foulard brodé et tapa du pied parce que j'avais trop serré le nœud.

"Doña Orosia ", dis-je après l'avoir fait à son goût. "Si tout ce qui vous importe, dans cette autre affaire, c'est de me débarrasser de mon visage blanc, je vous prie de me tuer avec votre poignard et de demander à votre seigneur de laisser mon amour se libérer."

Elle leva les yeux avec curiosité. "Voudrais-tu mourir pour lui ?" elle a demandé.

"Très volontiers, et il vous plaira de faire de ma mort sa rançon."

Elle me regardait toujours et semblait étrangement émue. « Autrefois, j'aimais comme ça », dit-elle d'un ton rêveur. "Je vais te raconter une histoire, mon enfant, car je n'aime pas le reproche dans ces yeux bleus. Il y a cinq ans, quand j'étais aussi jeune que toi maintenant, j'habitais avec mes parents à Valence, où les fleurs sont encore plus douces et le ciel était plus bleu qu'ici, sous le soleil de Floride. J'avais à cette époque un amant qui me suivait comme mon ombre et, malgré mon ancienne duègne, trouvait de nombreux moments pour déverser sa passion dans mes oreilles. C'était un homme courageux. et un beau, et il a gagné mon cœur. Bien qu'il n'ait pas eu une grande fortune, je l'aurais épousé volontiers et je l'aurais suivi sur terre et sur mer. Je n'ai jamais douté de lui un seul jour, et quand il est venu à la maison de mon père avec un vieux noble, son oncle et chef de sa famille, j'étais très content, car ma mère m'a dit qu'ils avaient demandé ma main et qu'elle avait été promise. Mais quand mon père m'a enfin appelé pour voir mon futur mari, C'était le vieil homme qui m'a rencontré avec une minauderie sur son

visage ridé. Je me suis tourné vers le neveu ; mais il regardait par la fenêtre...
"

Elle s'interrompit avec un rire féroce, puis ajouta amèrement : « C'est ainsi que je suis venue épouser mon mari, le gouverneur de San Augustin !

"L'autre était Don Pedro ?"

"Est-ce que ton esprit de bébé s'étend à ce point ? Oui, l'autre était Melinza
."

"Mais si tu l'as aimé autrefois, pourquoi devrait-il y avoir de la haine entre vous maintenant ?"

"Pourquoi ? espèce de petit imbécile ! Pourquoi ?" - elle a tendu une main et m'a attiré plus près, afin qu'elle puisse me regarder profondément dans les yeux. "Pourquoi une femme déteste-t-elle un homme ? Tu peux me le dire ?"

Nous nous sommes regardés jusqu'à ce que je voie... je sais à peine ce que j'ai vu ! Ma tête a tourné, et tout d'un coup, j'ai pensé que lorsque les anges sont tombés du ciel, il devait y avoir une beauté épouvantable dans leurs yeux !

CHAPITRE XV.

JE ME SUIS RÉVEILLÉ ce matin avec un sentiment d'horreur qui me hantait, puis je me suis rappelé la scène d'hier et l'appel muet dans les yeux du chien mourant. L'histoire que la femme espagnole m'avait racontée sur son propre passé ne présentait aucune excuse. La haine et la cruauté semblaient être d'étranges fruits à porter par l'amour.

J'ai pensé à mes propres malheurs et j'ai dit en moi-même : le véritable amour est assis à la porte du cœur pour le protéger de toutes les mauvaises passions. La perte et la douleur peuvent entrer en jeu, et le chagrin leur tient compagnie ; mais la vengeance et la cruauté, le mensonge et tous leurs méchants parents doivent cacher leurs visages honteux et passer à côté !

En sécurité dans la pensée de la pure affection qui régnait dans mon propre sein, je sortis et rencontrai la tentation, et tombai aussitôt du haut chemin dans lequel je croyais mes pieds si sûrement fixés !

Doña Orosia semblait d'humeur étrangement douce.

"Enfant, comme ton visage est pâle ! N'es-tu pas resté éveillé toute la nuit ? Ne le nie pas, c'est écrit très clairement dans les ombres sombres autour de ces grands yeux bleus. Viens, repose-toi ici à côté de moi" - et elle m'a attiré vers sur le canapé et j'ai glissé un oreiller moelleux sous ma tête.

J'étais assez abasourdi par cette courtoisie inhabituelle et je ne trouvais pas de mots pour y répondre. Mais elle semblait inconsciente de mon silence et continuait à parler.

" C'est la pensée de l'amant anglais qui te prive du sommeil, Margarita mia ! Tu donnerais ta vie pour obtenir sa liberté ; n'est-ce pas ? Une tâche serait-elle trop dure pour toi dans ce but ? "

Je ne pouvais pas répondre ; J'ai joint les mains et je l'ai regardée en silence.

"C'est ce que je pensais", dit-elle en souriant, et elle posa doucement un doigt sur ma joue.

"Oh, señora , vous m'aiderez à le sauver ! Vous plaiderez auprès du gouverneur, vous le libérerez ?"

Elle recula froidement. " Vous en demandez trop. Je vous ai dit qu'il y a deux gouverneurs à San Augustin. Je partage les honneurs avec Melinza ; mais je ne le supplie pas. "

Je me détournai pour cacher le frémissement de mes lèvres.

"Écoutez-moi", ajouta-t-elle plus gentiment . "Entre Pedro Melinza et Orosia de Colis , il y a actuellement une paix armée, puisque chacun tient un otage.

Non que je me soucie de l'Anglais, mais mon mari ne désire pas défier les ordres du Conseil. Bien qu'il n'aime pas votre nation, il soutient que ce n'est pas la politique de notre gouvernement, à l'heure actuelle, d'ignorer ouvertement les relations amicales qui sont censées exister entre les couronnes d'Angleterre et d'Espagne. Il semble que le double des ordres du Conseil ait été envoyé au gouverneur de votre nouvelle colonie sur cette côte ; et s'il envoie ici demander la délivrance des prisonniers, le señor de Colis préférerait tout abandonner plutôt que de risquer une réprimande des autorités de son pays.

" Comprends -tu tout cela ? Eh bien, voyons maintenant le revers du tableau.

" Melinza place ses propres désirs dans la balance, et ils l'emportent sur tous les scrupules politiques. Il a juré que tant que je me tiendrai entre lui et vous, Señor Rivers restera aussi longtemps dans le donjon du château, à moins que la Mort n'intervienne gentiment pour me mettre en place. ton amant libre.

Un petit sanglot me brisa la gorge à ces paroles cruelles. Doña Orosia posa la main sur la mienne.

"Pauvre petit !" dit-elle.

" Vous me plaignez, señora ! Que vaut votre pitié ? " Ai-je demandé, refoulant mes larmes.

"J'ai un moyen de m'évader à offrir," répondit-elle doucement.

"S'échapper pour lui ? Ou pour moi ?"

"Pour les deux. Maintenant écoutez ! Il n'y a qu'une seule manière de relâcher l'emprise de Melinza sur Señor Rivers. Il l'échangerait volontiers contre vous."

« Mieux vaut que nous mourrions tous les deux ! » m'exclamai-je avec indignation.

"Je préférerais te tuer de mes propres mains plutôt que de te livrer à lui", dit Doña Orosia avec un sourire froid.

"Alors que voulez-vous dire, señora ?"

"Je veux dire, Margarita mia , que tu devrais feindre une tendresse pour lui et lui laisser penser que c'est moi qui séparerais deux âmes aimantes."

" Quoi ! alors que je ne lui ai montré que de l'aversion pendant tous ces mois ? Il ne pourrait jamais être assez stupide pour croire à une transformation aussi soudaine. "

"Telle est la vanité de l'homme", dit Doña Orosia , "qu'il lui serait plus facile de croire que vous avez feint la haine pendant tout ce temps par peur de moi, que de douter que vous ayez finalement été victime de ses fascinations."

"Quel avantage cela me ferait-il si je le trompais ?"

"Il cesserait alors de s'opposer à la libération de tous les autres prisonniers."

"Mais qu'en est-il de mon sort, señora ?"

"Laisse cela entre mes mains, petite , je ne suis pas impuissante. Je te donne ma parole qu'il ne t'aura jamais. Au dernier moment, nous le détromperons" - et elle eut un petit rire de triomphe.

J'ai levé rapidement les yeux.

"Donc!" M'écriai-je. "Ce sera votre vengeance ! Et vous me soudoieriez, avec la liberté de mon cher amour, pour y participer ! Mentir pour vous ; jouer à l'amour là où je n'éprouve que du dégoût ; salir mes lèvres avec des caresses feintes ; et pour se moquer de la chose la plus sainte de la vie ! »

"Votre Anglais ne vaut-il pas quelque sacrifice ?" » demanda-t-elle en haussant les sourcils.

Qu'est-ce que je pourrais dire? Je l'ai quittée. Je me précipitai vers ma petite chambre, fermai bien la porte et la verrouillai du côté intérieur. Puis je me suis agenouillé devant la fenêtre grillagée et j'ai regardé le soleil et la mer.

Les vagues bleues dansaient joyeusement et le vent frais embrassait les ondulations étincelantes jusqu'à ce que l'écume s'enroule sur elles, tandis que les paupières blanches s'abaissent timidement sur les yeux rieurs. Deux mouettes neigeuses plongeaient et s'envolaient, scintillant tantôt sur le ciel bleu, tantôt dans la mer bleue. Je contemplais leurs ailes blanches et je pensais à toutes les vaines prières que j'avais adressées au ciel.

Et puis l'heure sombre de ma vie s'est refermée sur moi.

Je pensais à mon père, ce gentilhomme loyal dont le seul défaut était de trop bien servir son prince, prince dont la gratitude ne l'avait jamais poussé à s'enquérir du sort de ce serviteur, ni à offrir un mot de consolation à la femme qui avait elle a tout perdu. Je pensais à ma jeune mère, à son visage blanc et taché de larmes, aux longues heures qu'elle avait passées à genoux et à la façon dont elle avait fini par prier : « Seigneur ! seulement pour savoir qu'il est mort ! » — et pourtant elle est mort ignorant.

Alors le diable est venu vers moi et m'a murmuré : « À quoi sert d'avoir de la patience et de la foi ? Ton Dieu te garde-t-il à l'esprit, ou sa mémoire est-elle semblable à celle du prince que ton père a servi ? "Tout va bien, et y a-t-il encore de la confiance dans ton cœur ? Viens, fais-toi des amis avec ceux qui voudraient t'aider - sans parler d'un petit mensonge ! Serais-tu heureux ? Voudrais-tu sauver ton cher amour ? Alors cesse tes vaines prières et prends ton sort en main. tes propres mains. »

Je me levai de mes genoux et regardai de nouveau les eaux riantes : je ferais cette mauvaise chose pour que le bien puisse arriver. Je jouerais un rôle de menteur et salirais mon âme, afin que moi et mon cher amour puissions gagner la liberté et le bonheur. Mais je ne prierais plus, car je ne pouvais pas demander la bénédiction de Dieu sur un mensonge.

Puis je suis retourné lentement là où ma tentatrice attendait.

" Doña Orosia , " dis-je, " j'accepte votre offre. Je suis jeune — je serais heureux ; et vous — vous seriez vengés ! Je ne suis pas le petit imbécile que vous me croyez : je vous connais trop bien pour croire que vous m'aiderais par amour ; je ris de ta pitié ; mais j'ai confiance en ta haine ! »

" *Bueno* ", dit-elle. "C'est assez. Nous nous comprenons , mais je dois t'apprendre le rôle, sinon tu échoueras."

"Je ne suis pas si simple, señora , je peux feindre l'amour, pour l'amour."

"Pourtant, je voudrais que tu sois entouré d'épines, ma douce. La rose qui est trop facile à cueillir ne vaut pas la peine d'être portée. Et tu ne fais que des promesses et tu ne les tiens jamais , - je lui refuserais chaque baiser qu'il pense gagner. !"

CHAPITRE XVI.

UN JOUR s'est écoulé, et bien que j'étais devenu parfait dans mon nouveau rôle , je n'ai pas eu la chance de le jouer devant mon public ; mais c'est enfin arrivé.

C'était pendant la longue heure de rêve du début d'après-midi, où le sommeil est le plus facile. Doña Orosia avait ordonné que son canapé soit placé dans la partie la plus ombragée du jardin venteux, contre le mur de pierre grise. À dessein, elle choisit le coin le plus proche de la grille de fer, par lequel nous pouvions dominer une partie de la rue ensoleillée ; et elle était là et me faisait chanter toutes les chansons que je connaissais, tandis qu'elle s'assoupissait et se réveillait à nouveau, et pendant ce temps, elle taquinait son perroquet en poussant des cris discordants jusqu'à ce que, par colère, je ne chante plus.

Tout à coup, elle abandonna sa pétulance, et d'un geste vif et impérieux me fit reprendre le luth ; puis, retombant parmi ses oreillers, elle ferma les yeux et laissa sa poitrine se soulever et s'abaisser avec les douces respirations d'un enfant endormi.

J'ai hésité avec un certain étonnement ; mais de nouveau l'ordre aigu siffla de ses lèvres doucement entrouvertes :

« Chante, petit imbécile ! — Melinza passe !

J'ai touché le luth avec mes doigts tremblants et j'ai élevé ma voix tremblante. Les notes restaient dans ma gorge et sortaient d'abord d'une manière rauque ; mais ensuite j'ai pensé à mon cher amour dans sa prison odieuse, et j'ai chanté comme je n'avais jamais chanté auparavant.

Au-dessus du mur gris, je vis passer le chapeau à plumes de Don Pedro. Il atteignit la porte et s'arrêta, regardant à l'intérieur avec des yeux avides. Son regard rapide parcourut le coin vert, passa sur la silhouette endormie et se fixa sur mon visage.

La chanson s'éteignit ; Je me suis penché en avant, souriant, et j'ai posé un doigt d'avertissement sur ma lèvre.

Il m'a fait un salut si courtois que la plume de son chapeau lacé a balayé le sol.

"Alors, señorita , l'oiseau en cage sait chanter ?"

« Quand son geôlier le voudra, Don Pedro, » dis-je doucement, et je souris — et soupirai — et jetai un regard à moitié craintif par-dessus mon épaule ; puis il ajouta à voix basse : « Et quand elle voudra autrement, je dois me taire.

"Comment, pourrait-elle même garder un verrou sur tes lèvres ?"

"Sur mes lèvres... et mes yeux aussi. En effet, mes sourcils sont sous sa juridiction, et sont souvent contraints de froncer les sourcils, contre leur gré !"

"Donc!" il s'est excalmé; et j'ai vu un doux doute se glisser sur son visage. « Dois-je lui attribuer les nombreux froncements de sourcils que vous m'avez adressés ?

— *Oui, señor*, et ajoutez à ceux-là quelques autres qui ne seraient pas forcés.

Le feu dans ses yeux noirs ne m'effraya pas du tout lorsqu'il murmura :

« Si cela est vrai, alors accordez-moi la rose dans votre sein, madame !

J'ai levé une main tremblante vers la fleur et j'ai jeté un regard effrayé sur les cils frémissants de la señora .

"Oh ! Je n'ose pas !" Murmurai-je et laissai ma main tomber sur le luth posé sur mon genou. Le tintement des cordes tira la prétendue dormeuse de ses rêves.

Elle se releva à demi, et, saisissant un oreiller de son lit, me le lança en disant avec colère : « Voilà pour une telle gêne !

Le missile mou n'atteignit pas sa cible ; mais j'en trouvai un autre dans le perroquet vert, qui pendait, la tête en bas, à son perchoir ; et il y eut un cri de colère de la part de l'oiseau insulté.

J'ai jeté un regard craintif vers le portail, faisant signe à l'intrus de s'éloigner. Il se serait attardé, étant apparemment très irrité du traitement discourtois de ma gardienne ; mais la prudence prévalut, et il tomba hors de vue, la main sur le cœur, protestant bêtement.

La comédie venait de commencer. Il faut désormais le jouer jusqu'au bout.

C'est une chose étrange de voir avec quel enthousiasme mon gentil geôlier prépare chaque jour une embuscade à l'ennemi imprudent, et comment il tombe toujours dans le piège - être assailli par moi avec des sourires, des plaintes douces, des appels pitoyables pour sympathie et aveux timides de ma tendre amitié ; qui sont toujours interrompues par quelque interruption bien organisée ou par l'apparition soudaine de Doña Orosia sur scène. Bien qu'une semaine seulement se soit écoulée, déjà Don Pedro prêterait serment que je l'aime bien.

Tôt ce matin, je l'ai entendu sous ma fenêtre ; et j'étais vraiment heureux d'avoir l'occasion de lui sourire derrière les barreaux de protection. Cette rencontre n'avait pas été organisée par Doña Orosia , alors j'ai pensé que j'allais l'utiliser à mes propres fins.

Je lui ai juré que j'étais malheureux, ce qui était vrai. J'ai protesté que j'étais malade de désir de liberté – et ce n'était pas non plus un mensonge. Mais à cela j'ajoutais tout un tissu de mensonge, en déclarant que je n'avais jamais respiré librement depuis ma venue au monde ; que mon oncle avait été un tyran, et que l'homme à qui il m'avait fiancée était jaloux et exigeant ; que j'avais été amené à traverser les mers contre ma volonté ; et que je redoutais les difficultés de la vie dans ce nouveau pays. J'ai dit que je n'avais pas envie de rejoindre les colons anglais, et j'ai nié, en larmes, toute partialité pour mon cher amour. Le ciel me pardonne ! mais j'avouai que j'aimais Don Pèdre plus qu'aucun homme que j'aie jamais vu, et je le suppliai de m'éloigner de ces rivages barbares.

Je n'avais pas pensé pouvoir le déplacer et pourtant, chose étrange à dire, l'homme semblait touché. Je me demandais en l'écoutant, car je l'avais trouvé tout à fait mauvais et je considérais sa passion comme une fantaisie passagère. Il parlait maintenant de La Havane, une ville assez raffinée, où, en tant qu'épouse, je jouirais de la compagnie d'autres dames de ma condition.

"Je ne tolérerais jamais que tu vives ici, ma plus belle dame, où ce sombre diable de femme pourrait exprimer sa méchanceté contre toi!" murmura-t-il doucement ; et ma conscience m'a frappé, car je jouais avec un cœur d'homme, de chair et de sang.

Mais je me disais que s'il y avait vraiment quelque bien dans ce cœur, j'oserais y faire appel ; car je me méfiais qu'à tout moment Doña Orosia romprait sa parole promise.

" En vérité, Don Pedro, j'irais avec plaisir, car je déteste la vue même de ces murs ; mais, si vous m'aimez, j'exigerais de votre bonté une autre faveur. Libérez le gentleman anglais qui était mon fiancé, et envoyez-le. lui, avec les autres prisonniers, vers ses amis.

Il n'y eut pas de réponse et je craignis d'avoir outrepassé le but ; mais j'ai osé plus loin.

" Señor de Melinza , " dis-je, " il est vrai que je viens d'une race pour laquelle vous n'aimez pas, et que j'ai une croyance que vous condamnez ; néanmoins il faut se rappeler que nous avons notre propre code de chevalerie, et là-bas, j'ai vécu et je suis mort en Angleterre en braves chevaliers et aussi fidèles que votre vaillant Cid. Je ne voudrais pas que l'homme que je dois épouser soit coupable d'un acte indigne de chevalerie. Soyez donc généreux. Vous avez été mutuellement blessés ; mais c'était en bonne justice. duello, dis-je en feignant d'ignorer le coup lâche qui faillit atteindre le cœur de mon cher amour, et maintenant, don Pedro, il serait plus honorable de libérer le compatriote de votre fiancée et de l'envoyer sain et sauf. à ses amis."

« Señorita », dit l' Espagnol, — et il y avait un nuage sur son front, — « J'aurais aimé que vous m'ayez demandé une autre faveur que celle-ci. Néanmoins , je vous donne ma parole de chevalier que cet homme s'en ira et qu'il repartira indemne.

"Je vous remercie, Don Pedro", dis-je en retenant le cri de joie qui s'échappait de mes lèvres. Alors, ne trouvant pas d'autres mots et craignant de manquer le rôle que j'avais à jouer, je pris les ciseaux de Dame Barbara et coupai une longue mèche de mes cheveux jaunes, je l'attaquai avec un ruban et la lui jetai comme guerdon pour la faveur qu'il m'avait accordée.

Ce midi, en rejoignant comme d'habitude la femme du gouverneur sous le balcon suspendu en vigne, je me vantais allègrement de la promesse que j'avais arrachée à Melinza ; et elle a immédiatement demandé à entendre tout ce qui s'était passé entre nous, puis m'a traité d'idiot à cause de mes douleurs !

"Petit marplot ! Si vous aviez montré moins d'inquiétude pour le sort de votre Anglais, cela aurait été bien mieux. Vous ne faites que me mettre des obstacles. Je n'ai rien d'autre à faire maintenant que de m'opposer vivement à son départ ! S'il le faut. Je ferai moi-même semblant d'aimer cet homme, et je ferai le vœu de le garder comme mon hôte encore un moment, à cause de son bel esprit et de son allure galante, - tout moyen pour leur jeter de la poudre aux yeux, afin que nous ne semblions pas être du même avis et faire le même plaidoyer. Oh ! petit saint aux yeux bleus, ton *métier* n'est pas la diplomatie !

"En vérité, señora , jusqu'à ce que vous m'appreniez pour la première fois à dissimuler, je n'étais pas instruit dans cet art."

Elle a alors ri et a dit que lorsque j'avais moins confiance dans les autres, je pouvais plus facilement tromper.

"Si la petite Margarita croyait à la jolie fable de Melinza sur La Havane et sur l'excellente compagnie dont sa *femme y* jouirait, il n'est pas étonnant qu'elle ait fait un enchevêtrement de sa propre petite toile."

"Mais Doña Orosia , pensez-vous qu'il me traiterait injustement ? Ses paroles sonnaient si justes que même un mauvais homme peut aimer honnêtement ! Et si je joue avec la seule vertu salvatrice de son cœur, ne sera-ce pas un péché grave ?"

Le sourire moqueur disparut des yeux de l'Espagnol et les laissa insondables et sombres .

Je me sentais comme quelqu'un qui, regardant par une fenêtre ouverte et voyant la lumière d'une bougie jeter un coup d'œil et vaciller à l'intérieur, recule confus, quand soudain la flamme s'éteint et seule l'obscurité creuse fixe son regard aveuglé.

« S'il vous aime, dit-elle lentement, c'est comme il a aimé auparavant, plus d'une fois. Il écumerait la crème de la passion, brosserait la rosée de la fleur, écraserait la première douceur des fleurs de myrte. " Et laisse le reste. Mon enfant, que sais-tu des hommes ? C'est seulement l'inaccessible qui vaut la peine de s'efforcer. Il y a beaucoup de bête brute dans leurs passions. As-tu remarqué, l'autre jour, comment les morts " Le chien a tourné un bec méprisant vers le premier morceau sucré que j'ai pressé pour son acceptation ? Mais ensuite, la peur de le perdre l'a rendu impatient de sauter. Juste pour tromper son maître, le laisser te voir, *presque* saisir et goûte ; puis, quand le moment de désir fou viendra, je le poignarderai avec la perte définitive de toi ! C'est seulement ainsi que je pourrai éveiller un désir qui survivra un jour ; car je connais le cœur des hommes jusqu'au fond, toi bleu- bébé aux yeux!"

« Señora », m'écriai-je, piqué par ses paroles méprisantes, « je ne peux pas dire que je connais le cœur des hommes ; mais je connais le cœur d'un vrai gentleman ; et je crois que, lorsqu'il m'eut arraché le baiser de fiançailles, je n'étais pas moins désirable à ses yeux !"

" Alors vous croyez, " dit-elle en secouant la tête. " *Bueno* , continue à croire — tant que tu le peux. La foi de la femme dans la fidélité de l'homme ne dure que si longtemps — " et elle se pencha en avant de son canapé, arracha une fleur fragile des vignes ondulantes et la jeta sous les pieds.

J'aurais reparlé de ma confiance dans le vrai cœur qui m'avait fait confiance ; mais je vis le tremblement des lacets sur sa poitrine, je vis les yeux noirs devenir plus colériques , et un lent cramoisi monter dans la joue riche. Elle « étudiait toujours sa vengeance », cette belle femme malheureuse, « gardant vertes ses blessures qui autrement pourraient guérir et guérir ».

Tandis que je la regardais, une grande pitié m'envahit, de sorte que je me taisai.

CHAPITRE XVII.

LE 20 mars, une journée à ne jamais oublier !

J'ai vu M. Rivers. C'est la première fois depuis cette nuit-là, il y a neuf mois. Je l'ai vu et parlé avec lui en présence de Melinza , Doña Orosia et du gouverneur.

Quoi qu'il nous arrive maintenant, rien ne pourra effacer le souvenir de cette dernière heure. Si jamais nous quittons ces murs et goûtons à nouveau à la liberté, elle nous aura été chèrement achetée. La vérité d'une servante ternie, et le cœur courageux d'un gentleman des plus fidèles privé de sa foi ! Mon Dieu, quel prix à payer !

« Il était midi lorsque Doña Orosia est venue elle-même me chercher.

"Il y a une sorte de diablerie qui se prépare", a-t-elle déclaré. " Je n'arrive pas encore à le comprendre ; mais, comme vous espérez la liberté pour vous et votre Anglais, ne manquez pas de jouer votre rôle jusqu'au bout. Venez vite ! Melinza demande à vous voir, et le gouverneur le permet. Ne vous inquiétez pas. " Je ne peux pas m'en vouloir, mon enfant, je ne peux rien faire pour l'empêcher. Mais, je vous préviens, jouez le rôle, quoi qu'il vous en coûte.

Je la suivis, comme dans un rêve, le long du couloir, dans la chambre où le vieux gouverneur était assis dans son fauteuil, à côté d'une table sculptée, sur laquelle étaient une carafe de vin, des verres à moitié vides et une litière de cartes à jouer. Il tambourinait sur la table avec ses doigts desséchés et regardait avec inquiétude, d'abord le visage rouge de sa femme alors qu'elle franchissait la porte, puis le visage déterminé de Melinza , qui se tenait devant les lourds arras qui séparaient cette pièce d'une autre dans la salle. arrière.

"Doña Margarita", dit le gouverneur en s'éclaircissant nerveusement la gorge, "est-ce pour que vous soyez retenue dans ma maison contre votre gré ?"

"Votre Excellence", ai-je commencé, et j'étais reconnaissant de pouvoir dire la vérité, "moi et tous les autres Anglais sommes détenus ici à San Augustin depuis de longs mois contre notre volonté."

"Sans les ordres du Conseil espagnol, je ne pourrais pas vous libérer, señorita ; bien que maintenant nous ayons l'intention de le faire, avec autorité. Mais concernant vous-même, Melinza m'assure que vous ne désirez pas être envoyé avec vos compatriotes."

J'ai senti mon cœur se refroidir. Dois-je encore m'accrocher au mensonge ? J'ai regardé Doña Orosia , dont les yeux noirs lançaient un avertissement.

"C'est vrai, Señor de Colis ", dis-je d'une voix lointaine et étrange.

"Vous souhaiteriez rester ici en tant qu'invitée et compagne, Margarita", dit l'épouse du gouverneur avec véhémence.

Je la regardai avec émerveillement. Que désiraient-ils entre eux ? J'avais la tête qui tournait, et je lui aurais dit oui aussi ; mais ses yeux noirs me menaçaient à nouveau. J'ai inspiré profondément et secoué la tête. "Non, s'il vous plaît, Votre Excellence."

Melinza eut un lent sourire triomphant. "Doña Orosia est malheureuse. J'espère que j'aurai plus de succès. Tu préférerais aller à La Havane comme *mon* mon compagnon, n'est-ce pas, Margarita mia ? » et il s'avança et me tendit la main.

Un jour, au début du printemps, Doña Orosia m'avait appelé pour voir un nouvel animal de compagnie qu'on lui avait apporté, un jeune crocodile, répugnant et hideux ; et elle m'avait forcé à toucher le monstre attaché alors qu'il rampait, le long de sa chaîne, sur le sol. Je me souviens du dégoût froid que j'ai ressenti lors de cet horrible contact ; mais ce n'était rien comparé au sentiment qui m'envahit lorsque je laissai l'Espagnol me prendre la main.

Il m'a attiré vers lui en riant doucement. « Qui doute que la dame y aille volontiers ? » et il éleva la voix avec une question de défi dans ses tons sonores.

"Oui, señor !" - et c'est mon cher amour qui écarta les arras et s'avança dans la chambre, - mon cher amour, dévasté par la fièvre et un long emprisonnement, blanc, décharné et spectral, mais se comportant de toutes ses forces. dignité ancienne.

L'Espagnol se tourna vers lui, me tenant toujours dans le cercle de ses bras. J'ai jeté un dernier coup d'œil à l'épouse du gouverneur et j'ai lu mon message. Après cela, je ne vis plus que le visage blanc de mon amour.

" Vous ai-je menti, Señor Anglais ? Croyez-vous, maintenant, que je tiens ce bouquet d'or comme un gage de faveurs futures ? La dame sur la foi de laquelle vous étiez prêt à miser votre âme est ici pour répondre d'elle-même, et elle a jeté son sort avec moi... avec moi, señor .

« Margaret… Margaret ! » s'écria mon cher amour, dis-lui qu'il ment, chérie !

J'ouvris les lèvres, mais les mots moururent sur ma langue. De nouveau mon pauvre amour me cria en me tendant les bras. Je vis son visage blanc pâlir encore et il se balança, incertain, là où il se tenait. Puis, rassemblant toutes ses forces, il se jeta sur l'Espagnol et nous aurait déchirés, si ses membres faibles n'avaient pas cédé, de sorte qu'il tomba à terre.

de Melinza se porta sur son épée ; il a sorti la lame et l'a tenue contre la gorge de mon cher amour.

"ÉPARGNE L'HOMME, DON PEDRO ! JE N'AIME PAS LA VUE
DU SANG." - *Page 125.*

Enfin ma voix me revint ; Je posai la main sur le bras de l'Espagnol.
"Épargnez cet homme, Don Pedro ! Je n'aime pas la vue du sang !"

Puis j'ai vu l'agonie mortelle dans les yeux d'un homme courageux. Il ne fit
aucun geste pour se lever, mais resta allongé à mes pieds et me regarda.

« Margaret Tudor, dit-il, est-ce que tu m'aimes toujours ?

Je l'ai regardé. Si je disais la vérité, la lame de Melinza lui couperait bientôt la
parole. Un rire sauvage monta dans ma gorge ; Je n'ai pas pu le retenir, et il a
résonné, joyeusement fou, dans la pièce silencieuse.

« Señores », dis-je, « Señores , j'aime un homme courageux, pas un lâche ! » et c'était la vérité, même si personne dans cette pièce ne m'a bien lu, à l'exception de Doña Orosia .

L'homme à mes côtés a ri avec moi, et celui à mes pieds m'a jeté un regard et s'est évanoui.

Melinza rengaina son épée en disant : « Votre Excellence, le prisonnier semble convaincu ; vous ne pouvez donc guère douter des preuves vous-même.

Le gouverneur s'éclaircit à nouveau la gorge et jeta un regard impuissant vers sa femme. Elle s'avança avec un calme méprisant et me prit le bras.

" Les choses se passent bien, Señor de Colis , lorsque Don Pedro amène ses prisonniers sous ce toit et que votre femme est témoin d'une bagarre. Je vous demande la permission de vous retirer ; et j'emmène cette fille avec moi jusqu'à la question. de sa tutelle est réglée. Puis, me tenant toujours par le bras, elle quitta la pièce ; et aucun des deux hommes n'osa arrêter notre progression.

Arrivée dans ma chambre, Doña Orosia ouvrit la porte et me poussa à l'intérieur, me demandant de bien fermer le verrou.

Je suis resté seul avec mes pensées. De telles pensées ! Je ne peux pas pleurer ; mes yeux sont chauds et secs. Il n'y a pas de chagrin comme celui-ci. Ah, ma mère ! Lorsque votre bien-aimé vous serra contre son cœur dans ce dernier adieu, il y avait entre vous des pensées de séparation, de douleurs corporelles à supporter, de flagellations et de chaînes, — oui, et de mort. Mais qu'étaient-ils, comparés à ce que j'ai à supporter, qui suis humilié devant mon cher amour ?

CHAPITRE XVIII.

APRÈS avoir écrit ces mots, je rejetai ma plume et, me jetant sur le lit, j'enfouis mon visage dans l'oreiller. Je pouvais sentir les pulsations dans mes oreilles et mon cœur se gonfla jusqu'à éclater dans ma poitrine. Même si je pressais mes doigts brûlants contre mes yeux fermés, je voyais encore le visage blanc et figé de mon pauvre amour, les grands creux de ses joues barbus, les veines bleues de ses tempes fines et les grands yeux, un instant tout d'amour. - allumé, le suivant, frappé d'horreur à la vue de mon infidélité.

Combien de temps je suis resté là, je peux à peine le dire. Il était plusieurs heures après midi lorsque j'entendis des pas lourds devant ma porte, qui se mit soudain à trembler comme si on la frappait avec des mains frénétiques.

"Qui est là?" J'ai pleuré en levant la tête.

"Oh ! Maîtresse Margaret ! Grâce à la miséricorde de Dieu, ouvrez la porte !"

J'ai tiré le verrou en toute hâte, et Dame Barbara a fait irruption et s'est laissée tomber en pleurant à mes pieds.

" Seigneur, je vous aime, maîtresse Margaret ! Seigneur, aidez- nous tous les deux ce jour ! Ils ont envoyé tous nos hommes à la rencontre du bienheureux navire anglais — et nous, deux pauvres femmes, sommes restées derrière ! "

Je ne pouvais pas penser que c'était vrai. J'ai saisi la dame en pleurs par ses épaules haletantes et je l'ai tirée sur ses pieds, lui demandant quelle preuve elle avait de cela. Elle montra bêtement la fenêtre et se mit à sangloter plus fort qu'auparavant.

Puis j'ai regardé dehors.

La frégate *Carolina* se tenait au large de la baie de Matanzas, et au-dessus des vagues, en direction de la frégate, marchait un petit bateau poussé par les bras musclés de six Espagnols basanés. Avec eux se trouvaient les prisonniers anglais : je vis l'honnête visage du capitaine Baulk, et ensuite celui du digne maître Collins ; aussi les trois marins du sloop barbadien ; et un autre, que je ne connaissais pas, mais que je devinai être le deuxième des deux messagers malchanceux ; et, au milieu de tout cela, mon cher amour.

Il gisait de tout son long, sa face blanche appuyée contre les genoux du bon capitaine ; et ma première pensée fut celle de la peur qu'il ne soit mort : mais je le vis se soulever et jeter un long regard sur les murs du château, puis retomber comme avant - et je sus, à ce moment-là, qu'il m'avait fait sortir de son cœur. pour toujours .

Ils étaient partis, tous partis. Doña Orosia m'avait trompé – Dieu avait détourné son visage de moi – et l'homme que j'aimais ne m'aimerait plus jamais.

Je me suis détourné de la fenêtre vers la dame en pleurs, et j'ai ri, ri encore comme je l'avais fait devant mon cher amour le matin même.

"La pièce est presque terminée, dame," dis-je. « Il est presque temps de prier *Dieu de sauver Sa Majesté* et de tirer le rideau. Mais quels étranges tours le destin joue-t-il parfois avec ses marionnettes impuissantes ! Elle nous a effectivement choisis, il y a longtemps, pour une comédie légère, et voilà ! Crois-tu, chère Barbara, que la mort serait plus facile grâce à ce cordon de lit ou à ces grands ciseaux qui pendent à ta taille ? Ou, peut-être, si tu pouvais jouer Othello à ma Desdémone, cela semblerait plus doux. prélude à la tombe. Quel est le poids d'un mensonge, bonne dame ? Pensez-vous qu'il entraînerait une âme en enfer ? Si c'est le cas, je n'ai pas besoin d'y aller seul ; car si j'ai menti à Melinza , il m'a aussi menti – et Doña Orosia aussi" - puis un fort frisson secoua mon corps. "Barbara, Barbara, dois-je avoir leur compagnie pour l'éternité ?"

Elle a couru vers moi, bonne âme, et m'a fait taire comme un enfant dans son sein ample.

« Seigneur, aide-toi, cher agneau ! Et il le fera – il le fera ! Je l'ai entendue répéter encore et encore : puis tout s'est assombri sous mes yeux, et j'ai cru que la mort m'était bel et bien venue.

Lorsque je revins à moi, j'étais allongé sur mon lit dans un crépuscule gris, et à côté de moi se trouvaient Dame Barbara et la femme du gouverneur.

Alors que mes yeux tombaient sur Doña Orosia , je criai amèrement que j'avais été idiot de me fier même à sa haine ; car maintenant , elle était lasse de sa vengeance et se débarrasserait de son outil sans en payer le prix.

Elle a couvert ma bouche avec sa main et a ri brièvement.

" Melinza pense qu'il a été trop dur pour moi. Il a envoyé les prisonniers en toute hâte sur le navire anglais à mon insu. Je suis allé le voir tout à l'heure et lui ai demandé s'il osait renvoyer Señor Rivers sans ma permission.

« Oui, dit-il en s'inclinant devant moi. Puisque Doña Orosia désirait, pour une raison quelconque, le retenir ici, j'ai pensé qu'il valait mieux s'en débarrasser immédiatement ; mais la jeune fille reste. »

« La jeune fille reste sous ma tutelle », dis-je.

« « Jusqu'à demain, répondit Melinza . Demain, la *Virgen de la Mar* revient à La Havane, et avec elle partent la jeune Anglaise et votre humble servante. »

« Le gouverneur, m'écriai-je, ne le permettra pas ! »

"'N'est-ce pas ? Demandez-lui,' dit Melinza , 'demandez à Son Excellence le gouverneur de San Augustin !' Puis il s'est moqué de moi... *Dios !* il s'est moqué de moi !

Elle se mordit la lèvre rouge à ce souvenir et serra ses mains blanches.

"Et avez-vous demandé au gouverneur, señora ?"

Elle hocha farouchement la tête. "Le vieux idiot ! Il s'est contenté de hausser les épaules et de m'offrir un collier de diamants en échange de ma jolie marionnette de jouet. Il est évident que Melinza a une certaine emprise sur lui, je ne peux pas deviner ce que c'est ; mais elle est plus forte que mon Il préfère braver ma colère plutôt que de s'opposer aux projets de son neveu.

J'ai regardé l'ombre sombre se poser sur son front et j'ai pensé que tout espoir était fini.

"Doña Orosia ," dis-je enfin, "veux-tu me prêter ton poignard ?"

"Pas encore, mon enfant, à moins qu'il n'y ait aucun autre moyen de les contrecarrer tous les deux. Écoutez..." dit-elle en jetant une bourse remplie de pièces d'or sur le lit à côté de moi. "C'est votre argent d'achat, et cela servira à acheter de l'aide. Comme je n'ai pas pu proposer de meilleures conditions, j'ai été obligé de prendre ceci et un baiser en plus... Pah !" et elle se frotta la joue. "Demain, quand la marée sera pleine, la *Virgen de la Mar* quittera le port . Avant cela, je dois organiser votre évasion."

"Et celui de Barbara", ai-je ajouté, car je voyais que la pauvre dame était dans une profonde anxiété.

Doña Orosia le regardait fixement. « Sur mon âme, nous avions tous oublié la vieille femme. Elle aurait pu s'entendre assez bien avec les autres prisonniers ; mais comment puis-je faire sortir clandestinement *deux* femmes de la ville ?

Alors je la suppliai de ne pas me séparer de la dame à laquelle je m'accrochais comme ma dernière amie ; et au bout d'un moment , elle me fit une promesse à contrecœur et me quitta, me demandant de me préparer pour le repas du soir, auquel je devais comparaître afin de ne pas éveiller les soupçons du gouverneur.

Mes mains étaient froides et tremblantes ; mais avec l'aide de Barbara, je me parai d'une des robes gaies qui m'avaient été données par ma protectrice, et, prenant un éventail - avec lequel j'avais appris l'astuce espagnole pour me cacher le visage à l'occasion - je rejoignis le gouverneur et sa belle épouse dans le *comedor* bien éclairé , où les couverts étaient mis à table pour trois.

J'étais reconnaissant de l'absence de Melinza , car jouer à faire l'amour ce soir-là aurait été au-dessus de mes forces.

Au début , je ne pouvais rien manger ; mais un regard pressant de Doña Orosia , et la pensée de ce dont j'aurais besoin de toutes mes forces, me poussèrent à forcer quelques morceaux, malgré le gonflement convulsif de ma gorge. Je m'efforçai également de répondre lorsque l'hôte ou l'hôtesse m'adressait la parole ; mais le gouverneur n'était pas de bonne humeur lui-même et semblait être quelque peu impressionné par le froncement de sourcils de sa dame.

Soudain, hors de la porte, des voix retentirent en altercation, et un domestique entra, protestant avec de nombreuses excuses, qu'il y avait un révérend père dehors qui demandait à voir Son Excellence immédiatement pour une affaire qui ne souffrirait aucun retard.

Le gouverneur se renversa sur sa chaise d'un air très contrarié ; mais Doña Orosia dit vivement : « Faites entrer le père.

Une grande forme vêtue d'un habit sombre de moine apparut sur le seuil. Je reconnus, sous le capuchon, le visage maigre et jaunâtre et les yeux sombres . Je les avais vus à la porte de la chapelle dans la cour du château le soir de notre arrivée, et bien des fois depuis. Ils appartenaient au père Felipe, confesseur de la femme du gouverneur, et son conseiller, je le croyais, dans les affaires temporelles aussi bien que spirituelles. Quelque chose m'a dit qu'il était venu ici à sa demande, et je lui ai jeté un coup d'œil pour avoir confirmation ; mais Doña Orosia s'appuyait avec un coude sur la table, le menton sur sa main blanche, l'autre bras arrondi tendu avec une amande dans les doigts minces pour la délectation du perroquet vert perché à côté d'elle. Pas la moindre lueur d'intérêt n'était visible sur son beau visage maussade ; alors je me suis détourné avec une certaine déception d'entendre ce que disait le padre.

Sa voix était grave et rauque, et je pouvais à peine distinguer ce qu'il disait, sauf qu'il s'agissait de quelqu'un qui était malade – voire *mort* , semblait-il, et qui avait besoin d'un enterrement immédiat.

Le gouverneur écouta avec un air renfrogné, jusqu'à ce que tout à coup il démarre avec une telle hâte que sa chaise tomba en arrière avec un fracas bruyant.

" *Santa Maria !* Morte du vomi noir ? Et vous venez ici avec la vile contagion accrochée à vos vêtements ! "

"Non," dit la voix grave et creuse du frère, alors qu'il levait une main rassurante. "J'ai changé mes robes. Vous et les vôtres ne courez aucun danger, mon fils."

"Pas de danger !" répéta le gouverneur, son visage devenant violet et sa voix étranglée ; "Pas de danger, quand la carcasse immonde reste sans sépulture, souillé l'air même de mort ! Jetez-la à la mer ; non, mettez le feu à la misérable hutte dans laquelle elle repose, et que tout soit consumé ensemble !"

"Qui est-ce qui est mort ?" demanda Doña Orosia . Elle s'était levée et se tenait debout, une main retenant ses jupes, sa lèvre supérieure pleine et rouge légèrement tirée et ses narines délicates dilatées, comme si la simple mention de cette maladie détestée la remplissait de dégoût.

"Un misérable garçon métis, un membre voleur du troupeau du padre", s'écria le gouverneur avec impatience. "Mettez le feu à la cabane, dis-je !"

Mais Doña Orosia l'interrompit encore une fois. "Padre, que désires-tu ?"

Les yeux sombres se tournèrent vers elle pour la première fois. "Le garçon était chrétien, ma fille, et je lui donnerais un enterrement chrétien."

"Sûrement", dit Doña Orosia . "Qu'est-ce qu'il faut empêcher ?"

« Voudriez-vous propager l'infection à travers la ville ? s'écria le gouverneur, blanc de peur.

"Non," dit le frère, "je ne demande qu'un permis pour emmener le corps sans les portes. Personne, sauf moi et quelques-uns de mes disciples, n'avons besoin d'être exposé au danger. Qu'une cloche sonne devant nous, pour avertir tous ceux qui sont présents. et nous porterons un vase d'encens fort devant la cercueil. Ceux qui sortent avec moi, je vous en promets ma parole, ne reviendront pas avant quelques jours jusqu'à ce qu'ils soient exempts de toute souillure.

« Mon plan est meilleur : brûler la cabane, le cadavre et tout », répondit le gouverneur. Mais Padre Felipe s'en est violemment pris à lui.

"Comment pourrais-je garder mon emprise sur mon peuple, et lui permettre de conserver sa foi dans les choses consacrées, si vous traitez le corps d'un chrétien comme vous traiteriez la carcasse d'un chien ?"

« Comme vous voudrez », s'écria le gouverneur ; et, se jetant sur une chaise, il demanda un stylo et du papier. « Tiens, ajouta-t-il aussitôt, remettez ceci à don Pedro de Melinza et dites-lui d'avertir les sentinelles à la porte. Dites en outre que si quelqu'un dans la ville s'approche à vingt pas du cercueil, sortez de la porte. il ira aussi.

Le frère reçut le permis en silence, leva la main en signe de bénédiction et quitta l'appartement.

Alors que mon regard revenait de la porte, il rencontra celui de Doña Orosia , et dans le sien il y eut un éclair passager de triomphe. Peu après, elle se leva et nous nous retirâmes ensemble. Je sentis sa main sur mon bras se serrer convulsivement ; mais j'avançais avec le même sentiment d'irréalité qui m'avait opprimé toute la journée.

Quand nous arrivâmes dans ma chambre , elle me demanda de changer de nouveau de robe pour quelque chose de sombre et de chaud ; pendant la nuit, l'air était humide et froid. Ce faisant, je glissai dans mon sein le rouleau de pages serrées contenant ces annales de ma prison . Alors j'ai demandé Barbara, et Doña Orosia m'a répondu doucement :

"Elle est partie faire une course et nous rejoindra en temps voulu." Puis elle me jeta un manteau sur la tête, s'enveloppa dans un autre et me conduisit dans le jardin.

CHAPITRE XIX.

C'ÉTAIT une nuit sans lune et une brume de nuages masquait les étoiles. Nous passâmes silencieusement sous la tonnelle couverte de vignes , traversâmes le jardin, jusqu'au portail. Dans la lourde serrure, Doña Orosia glissa une grosse clé ; elle s'est retournée facilement, la porte s'est ouverte et nous sommes sortis. En le refermant, mon compagnon me prit le bras et m'entraîna dans la rue sombre et déserte. Nous avons tourné un coin, sommes tombés sur une place ouverte et nous nous sommes arrêtés à côté d'un énorme palmier nain qui poussait près du centre . J'ai entendu le bruissement vif de ses feuilles dans le vent nocturne et j'ai frissonné d'une terreur sans nom.

Puis, à travers l'obscurité, deux formes obscures se sont approchées de nous. Mon cœur battait vite et je resserrais le manteau autour de mon visage ; mais l'un d'eux s'est avéré être le frère, l'autre, ma chère, chère Barbara. Je me suis précipité à sa rencontre avec un cri rapide ; mais Doña Orosia posa la main sur mes lèvres et me pressa de continuer. Padre Felipe ouvrait alors la marche et nous le suivions encore quelques instants jusqu'à ce qu'il s'arrête devant une porte basse et nous fasse signe d'entrer.

" Señora , " murmurai-je, " pourquoi venez-vous ? Je n'ai pas peur de la maladie, mais pourquoi vous exposer inutilement ? "

"Petit imbécile," répondit-elle en me poussant doucement, "il n'y a pas de fièvre, pas de contagion ici."

Encore perplexe, j'entrai dans le passage étroit et, au-delà, une pièce faiblement éclairée.

Sur le sol gisait une longue civière en bois recouverte de peau ; à son pied et à sa tête, fixés chacun dans une douille grossière, se trouvaient deux bougies encore éteintes. Un pot de cuivre avec de longues chaînes et un tas de tissus sombres gisaient sur le sol ; il y avait aussi une table grossière sur laquelle étaient posés une bouteille d'eau et une miche de pain ; sinon, à l'exception d'une faible lampe accrochée au mur, la pièce était vide. Doña Orosia regardait autour d'elle, ses yeux vifs observant chaque détail ; puis elle se tourna vers Padre Felipe.

"Pouvez-vous faire confiance aux porteurs ?"

Il baissa la tête.

"Alors la seule difficulté, c'est cette vieille femme. Mieux vaut la laisser derrière."

Mais encore une fois , j'ai plaidé très sincèrement ; Et bientôt le frère quitta la chambre et revint peu après avec un manteau sale, avec lequel il enveloppa la pauvre dame de la tête aux pieds.

"Laissez-la suivre", dit-il, "et s'il n'y a pas de problème , elle pourrait s'évanouir avec nous." Il lui ordonna alors de garder son visage caché et de se tenir à l'écart de la lumière des bougies.

Après cela, il y eut une pause, et l'Espagnole et le frère se regardèrent.

"Voyez, vous n'échouerez pas!" dit-elle.

"Et souviens-toi de ta parole," répondit-il.

« Un service en argent massif pour la nouvelle chapelle missionnaire de San Juan, je le jure », fut la réponse rapide ; "c'est-à-dire si vous réussissez."

Le frère croisa les bras en silence.

"Mais non, en tout cas ! faites seulement de votre mieux", murmura précipitamment Doña Orosia .

"Le résultat est comme Dieu le veut", dit calmement Padre Felipe et, me montrant la civière, il m'a demandé de m'allonger dessus. Je le fis en tremblant de tous les membres, et il m'aurait recouvert des bandelettes lorsque la femme du gouverneur le repoussa, s'agenouilla elle-même et me glissa dans la main un petit poignard en me murmurant :

"Au cas où vous seriez découvert."

Je l'ai caché dans mon sein, en la remerciant. "Adieu, señora ", dis-je en pleurant, "vous avez été gentille avec moi et je vous en suis très reconnaissant. Que j'aie ou non gagné la liberté et des amis, je crois que vous avez fait tout ce que vous avez fait pour moi. Je ne peux pas penser" - et J'ai levé ma tête près de la sienne et j'ai murmuré : « Je ne peux pas penser que ce soit uniquement pour me venger. Il doit y avoir de la pitié qui me motive.

« Espèce de petit insensé », dit-elle en riant en me repoussant sur le cercueil. Puis soudain, je sentis une larme brûlante couler sur mon front. Elle s'est penchée plus bas et m'a embrassé sur la joue.

J'ai poussé un petit cri et je me serais relevé ; mais elle a tiré les couvertures sombres sur moi et je n'y voyais plus. Alors que je sentais ses mains douces me border, comme une mère le ferait avec son bébé, je ne pouvais que pleurer en silence et prier que Dieu la bénisse.

Une fumée âcre de quelque chose de brûlant remplit la pièce et m'atteignit même à travers les revêtements. J'ai entendu le padre allumer les cierges à ma tête et à mes pieds. Au bout d'un moment , la civière sur laquelle j'étais allongé fut soulevée et transportée, le pied en avant, hors de la pièce, hors du couloir et dans la rue. J'entendais les pieds de mes porteurs crépiter sur le sol alors que nous avancions à un rythme rapide ; J'étais conscient de la épaisse fumée d'encens brûlant qui nous enveloppait ; J'entendis le son d'une cloche passer devant moi et une voix élevée dans un cri d'avertissement constant ; mais je ne voyais qu'une faible lueur à travers les banderoles où brûlaient les bougies.

Au bout d'un moment , il y eut une halte et j'entendis des voix qui se disputaient. Mes doigts se refermèrent sur la poignée du poignard de la señora . Si la mort doit venir, qu'il en soit ainsi ! Je pensais, et je n'éprouvais aucune peur, seulement un regret que mon cher amour ne pourrait jamais comprendre, à moins que l'esprit qui frémissait si sauvagement dans ma forme immobile et enveloppée ne puisse se précipiter vers lui dans le premier instant de sa liberté et murmurer la vérité à son cœur !

Une autre voix se joignit à elle. C'était celle de Melinza .

"Reculer!" il a appelé fort. " Dégagez-vous, esclaves ! Qui ose contester les ordres de Son Excellence ? Si un homme s'approche à vingt pas de cet équipage de lépreux , il peut les suivre jusqu'à la perdition ; mais il n'y aura plus de place pour lui dans ces murs ! "

Un murmure s'éleva et s'éteignit au loin. Nous sommes repartis une fois de plus. Puis on entendit le cliquetis des barres de fer, mais il venait de derrière nous. La cloche avait cessé de sonner ; mais alors que nous avancions lentement, j'entendis la voix du padre chanter d'une voix basse et solennelle. Puis un silence complet tomba, à l'exception du pas non ferré de mes porteurs et d'un murmure comme celui des vents nocturnes dans les arbres. Soudain, un hibou a hululé au-dessus de ma tête, et puis... j'ai dû m'évanouir.

Je pensais être de nouveau dans le sloop Barbadian, pendant la tempête. Attaché à ma couchette étroite, je me balançais et me balançais, tandis qu'au-dessus du vent le vent violent hurlait dans le gréement. Les poutres tendues craquaient et gémissaient, et de temps en temps on entendait le claquement aigu d'un frêle longeron. Les sanglots d'une femme m'ont atteint à travers tout cela, les sanglots sourds et haletants de celle dont le souffle est épuisé. J'ai repoussé les couvertures et j'ai regardé autour de moi.

C'était une aube grise dans la forêt. À travers les branches qui s'agitaient au-dessus de moi, j'ai vu les nuages pâles courir sous un ciel en colère. J'ai regardé vers mes pieds et j'ai aperçu le dos d'un homme étrange avec une tête sombre, des épaules courbées et des bras nus et bruns agrippant les côtés de ma civière. Quelqu'un était aussi à ma tête ; me tournant rapidement, j'ai rencontré ses yeux qui regardaient les miens : c'était Padre Felipe. Je me suis assis, avec un halètement soudain.

« Barbara ! » J'ai pleuré : "Où es-tu, Barbara ?"

Quand seuls les faibles sanglots me répondirent , je me jetai de la litière à terre, tombant en tas, impuissant, les pieds emmêlés dans les bandelettes. Mais j'aperçus ma bonne dame qui titubait derrière, moitié traînée, moitié portée par deux jeunes Indiens. Ses vêtements étaient déchirés et traînés, son visage pitoyablement écorché, tandis que de grosses larmes coulaient sur ses joues ridées.

La litière s'était arrêtée. Padre Felipe m'a aidé à me relever ; mais je me détournai de lui et jetai mes bras autour du cou de Barbara. Elle s'accrochait désespérément à moi, le souffle coupé et la voix brisée alors qu'elle essayait de parler.

Le frère la prit brutalement par l'épaule.

"Elle est épuisée d'avoir marché toute la nuit à travers les bois. Ce n'est pas étonnant ! Mais c'était sa propre faute, car elle viendrait ; maintenant elle doit suivre ou être laissée pour compte. Nous devons nous mettre à l'abri avant que la tempête n'éclate pour de bon. , car ce ne sera pas léger. "

Une rafale plus forte passa pendant qu'il parlait ; il y eut un gémissement plus fort dans la cime des arbres, et une branche cassée s'écrasa à nos pieds.

"Avons-nous encore beaucoup à faire ?" J'ai demandé. Il secoua la tête.

« Environ une ligue, peut-être ?

"Pas plus", fut sa réponse.

"Alors mets la pauvre dame dans la litière et je marcherai."

Il m'a regardé attentivement. "Pouvez -vous le faire?"

" Mieux qu'elle. Je me sens faible ici, " ajoutai-je en posant la main sur ma poitrine, " mais mes membres sont jeunes, forts et infatigables. "

« Vous voulez de la nourriture », fut son bref commentaire ; et, se tournant vers la litière, il sortit d'une pochette cachée qui était suspendue en dessous, une bouteille d'eau et une miche de pain, et me donna à boire et à manger. Je l'ai pris avec plaisir, et Barbara a fait de même. Je pensais alors qu'il en aurait pris lui-même ; mais il mit de côté le reste, disant qu'il n'en avait pas besoin, et fit signe à la vieille femme de prendre sa place dans la litière, qui fut alors élevée par deux de ses suivants. Le troisième partait en avant pour dégager les obstacles du chemin, et nous suivions derrière, moi m'accrochant au bras du padre.

Il ne m'en dit pas davantage, mais le contact de sa main n'était pas désagréable. J'ai remarqué comment il me conduisait sur le terrain le plus lisse, choisissant lui-même les ronces, même si ses pieds étaient nus, et me protégeant de son bras des lames tranchantes des palmiers nains qui barraient le chemin.

Tandis que je marchais à côté de lui, je ne pouvais que m'émerveiller devant les étranges tournures du destin ; car il semblait maintenant que je devrais en partie ma délivrance à l'un des membres de la classe que je détestais le plus comme étant la première cause de notre captivité. De temps en temps , je regardais son visage sombre et sévère et je me demandais si, si je n'avais pas été son protégé et sous sa protection jurée, il aurait pu trouver dans son cœur de me brûler pour hérétique !

CHAPITRE XX.

LA lumière devenait de plus en plus forte derrière les nuages pressés, mais les endroits les plus profonds de la forêt maintenaient leurs ombres immobiles. De grands cyprès dressaient leur tête au milieu des creux et étendaient leurs branches comme un large dais au-dessus de nos têtes ; d'énormes chênes verts couronnaient les buttes ; et çà et là de grands lauriers élevaient leurs pyramides de feuillage vert foncé et luisant. Notre passage était souvent obstrué par des bûches tombées, recouvertes de mousse par les années ; et des enchevêtrements de vignes, aux tiges dures et souples, se jetaient d'arbre en arbre sur notre chemin, résistant à notre avance. Partout dans les couloirs supérieurs de la forêt hurlait le vent déchaîné ; mais le long des tunnels que nous parcourions, cela était parfois à peine perceptible.

Malgré ma fatigue, je sentais monter en moi une plus grande force. Nous étions arrivés si loin sans poursuite ! J'ai commencé à espérer comme je ne l'avais jamais fait auparavant ; car mon cher amour n'était-il pas libre, et mon visage aussi tourné vers les amis ?

Pendant que je réfléchissais ainsi , nous atteignîmes un niveau plus élevé et, à travers une déchirure dans le ciel orageux, un rayon de soleil matinal traversa mon épaule et plongea dans les bois au-delà. J'ai regardé en arrière, surpris, et j'ai vu pendant un bref instant le disque doré du soleil ; puis un nuage noir l'effaça du ciel.

« Père ! » J'ai crié : "Nous voyageons vers l'ouest !"

"Oui," dit-il calmement.

"Vers l'ouest!" m'exclamai-je encore. « Vers l'ouest… et vers l'intérieur ! quand la colonie anglaise se trouve au nord de nous, sur la côte !

Il s'inclina de nouveau en signe d'acquiescement silencieux. Alors mon indignation éclata et, sans m'arrêter pour poser d'autres questions, je l'accusai amèrement d'abus de confiance.

"N'as-tu pas promis à Doña Orosia de me livrer à mes amis ?" J'ai pleuré.

"Pourquoi doutez-vous de ma bonne foi ?" demanda-t-il en tournant vers moi ses yeux sombres , mais en parlant toujours sur le même ton calme. "Avais-je à San Augustin un navire sur lequel nous pourrions embarquer ? Ou un tel navire aurait-il pu quitter le port inaperçu ? Pas même un canot n'aurait pu être obtenu là-bas sans danger d'être découvert. Nous avons un long voyage devant nous , nous sommes partis sans provisions ?"

J'ai baissé la tête, honteux de mes doutes. Autrefois, ce n'était pas dans mon caractère de me méfier ; mais tant de problèmes m'étaient arrivés ces derniers temps que je commençais à craindre de ne plus jamais ressentir la même confiance en mes semblables, la même confiance implicite dans le Ciel que j'avais eue il y a deux ans. Je n'ai jamais été étranger aux ennuis ; mais, enfant, je ne le connaissais que comme un nuage informe qui projetait parfois son ombre sur mon chemin, atténuant un instant la lumière du soleil et faisant taire le chant sur mes lèvres. Même lorsque ma mère est morte, j'étais trop jeune pour autre chose qu'un chagrin d'enfant : une pluie de larmes en avril ; et bien que ma première jeunesse ait été souvent solitaire, j'avais fait mon propre bonheur avec de brillantes imaginations et j'avais prié Dieu de les réaliser. J'attendais donc mon avenir toujours avec le sourire et je n'ai jamais douté qu'il serait juste. Tout cela était passé. Le problème m'avait montré son visage, et je le connaissais pour quelque chose de terrible et de fort, prêt à me sauter à la gorge et à m'écraser la vie. Comment s'étonner alors que je marche craintivement d'heure en heure ?

Padre Felipe reprit la parole après un moment. "Les forêts s'éclaircissent", a-t-il déclaré. "Encore quelques pas et nous arriverons sur les rives du San Juan, près d'un petit village des Yemassees , dans lequel il y en a beaucoup dont les yeux ont été ouverts à la vérité. Là nous trouverons un abri contre la tempête, et nous avons l'intention de poursuivre notre voyage lorsque les nuages seront passés. Hâtons-nous, les porteurs de litière sont loin devant.

Il me donna de nouveau le bras, et peu de minutes après, nous arrivâmes en vue du torrent audacieux du San Juan et des huttes bondées d'un village indien.

Le village ne semblait pas aussi grand que celui de Santa Catalina, et les bâtiments ne semblaient pas non plus aussi grands et aussi spacieux. L'édifice le plus imposant que j'ai pris était la chapelle de la mission, car auparavant c'était la grande croix montée en l'air. Il était de forme circulaire, avec des murs en torchis et un toit de chaume s'élevant jusqu'à un sommet. Il y avait une porte sur le côté, faite de lourdes planches solidement lattées ensemble ; mais je ne pouvais apercevoir aucune fenêtre, seulement quelques très petites ouvertures carrées, fermées sous les avant-toits, pour la lumière et l'air.

Les nuages commençaient à verser de grosses gouttes sur nos têtes, alors nous accélérâmes nos pas pour courir. La litière et ses porteurs s'étaient arrêtés près de la porte de la chapelle, et des huttes voisines plusieurs Indiens sortirent et s'avancèrent à notre rencontre. Une jeune femme avec un petit bébé cuivré attaché sur son dos, dont la petite tête était à peine visible par-dessus son épaule, nous regardait depuis la porte basse de sa demeure aux murs de boue, mais rencontrant mon regard, elle se retira précipitamment hors de notre vue.

J'étais très fatigué et Barbara, qui était descendue de la civière, semblait incapable de se tenir debout. Le père conversait avec ceux de son troupeau à la peau sombre qui s'étaient approchés ; alors nous deux femmes nous sommes accroupies sous les avant-toits de la chapelle et avons regardé autour de nous la scène agitée par le vent et la pluie.

Devant nous se trouvait un épais bosquet d'arbres ; à gauche, nous apercevions le fleuve, gris et colérique comme le ciel, et tout le long de ses rives les habitations serrées des pauvres barbares, dont les idéaux d'architecture n'étaient en rien meilleurs que ceux de la guêpe, — pas si complexes. comme ceux de la fourmi et de l'abeille.

Soudain, pendant que nous attendions là, tristes, mes pensées revinrent à une maison anglaise, avec ses murs de lierre, son toit à tourelles, sa longue façade de briques rouges chaleureuses. Je vis des pentes vertes, de larges terrasses, un portail généreux et un hall spacieux ; Je pensais à une pièce avec une grande cheminée entourée de carreaux peints, et je m'imaginais agenouillé sur le tapis en peau d'ours devant un feu ardent, la tête sur les genoux de ma mère et ses doigts jouant avec mes cheveux. À ce moment-là, j'ai oublié même mon cher amour, et j'aurais donné tout le monde juste pour être un petit enfant à la maison.

Le padre se tourna enfin vers nous et nous fit signe de le suivre. Il nous conduisit au fond de la chapelle, où, plaquée contre le mur, se trouvait une excroissance semi-circulaire, une cellule minuscule, avec une porte étroite taillée dans une seule planche et fermée par un lourd cadenas. Tirant une clé de sa ceinture, il la déverrouilla et nous fit entrer. Nous l'avons fait et il a fermé la porte derrière nous.

À l'intérieur, le sol en terre dure était légèrement surélevé et recouvert de nattes de feuilles de palmier tressées. Une étroite fente dans le mur laissait passer un faible rayon de lumière, nous permettant d'apercevoir vaguement les quelques objets que contenait la pièce. Apparemment , c'était l'appartement où dormait Padre Felipe et la sacristie de la chapelle réunies en un seul. Il y avait une porte à rideaux qui donnait accès à la chapelle elle-même ; en écartant les tentures, nous pouvions voir l'intérieur sombre, vide à l'exception du maître-autel orné de hautes bougies et d'un crucifix sculpté sur le mur.

En apercevant ces emblèmes de la foi chrétienne , je pensais aux sacrifices sanglants qui avaient été offerts à un Dieu pitoyable au nom de l'orthodoxie, et je me demandais si des hérétiques comme nous ne seraient pas plus en sécurité dans les bois sauvages et les tempête violente – oui, même à la merci des barbares infidèles ; mais tout à coup je me souvins du service en argent massif qui devait être le don de Doña Orosia pour cette petite mission nouvelle, et je repris courage.

La pluie tombait maintenant à torrents du toit de chaume, et le vent, qui soufflait du nord-est, la rejetait contre les murs de terre battue de notre refuge. Je me suis tourné vers Barbara et j'ai exprimé une anxiété qui grandissait en moi depuis un certain temps.

"Chère dame," dis-je, "pensez-vous que cette tempête est pire en mer ?"

"Oui, mon agneau, il vient d'un endroit laid ; mais le *Carolina* a résisté à des coups plus durs, et peut-être a-t-il trouvé un bon mouillage dans un port sûr ."

J'ai essayé de penser la même chose; néanmoins, pendant les longues heures où nous étions assis là, écoutant les fortes rafales et la pluie battante, mon cœur s'est évanoui à la possibilité de ce nouveau danger pour ma bien-aimée.

Il devait être midi passé lorsque le padre revint vers nous. Il apportait avec lui de la nourriture fraîchement cuite, de la viande et du poisson, et un bouillon de farine de maïs desséchée, pas désagréable au goût.

« Le vent s'apaise, déclara-t-il, et les nuages se dissipent. Quand la pluie cessera , nous pourrons nous aventurer à poursuivre notre voyage.

Je lui demandai comment il comptait nous transporter, car ni Barbara ni moi ne pouvions continuer à marcher longtemps.

Puis il nous a présenté ses plans. Ce large fleuve, le San Juan, qui coule près de la colonie, continue vers le nord sur plusieurs kilomètres, puis se courbe vers l'est et se jette dans la mer. Nous devions partir dans deux canoës rapides – des piraguas, comme il les appelait – et, d'abord sous le vent du rivage, suivre la rivière jusqu'à son embouchure, puis remonter la côte le long du passage sûr offert par une chaîne d'îles éloignées. . Ce serait un voyage d'environ dix jours jusqu'à la colonie indienne de Santa Helena ; les Indiens là-bas, expliqua-t-il, étaient les alliés de nos amis anglais et nous aideraient sans aucun doute à les rejoindre.

J'ai demandé si nous devions passer par Santa Catalina ; et il a dit que c'était sur notre chemin, mais que personne ne nous gênerait pendant que nous étions sous sa protection.

« À moins, » ajouta-t-il, « que le gouverneur de San Augustin n'envoie un navire pour nous intercepter là-bas, ou n'importe où sur le chemin ; auquel cas je n'aurai rien d'autre à faire que de vous livrer à lui.

Là-dessus, j'avais la fièvre de partir ; car je sentais que la journée ne pourrait pas passer sans que Melinza ne découvre ma fuite, et j'endurerais n'importe quelle épreuve plutôt que de risquer qu'il nous intercepte.

CHAPITRE XXI.

CE n'est que lorsque les nuages de pluie furent tous passés que le père choisit de s'embarquer. Le vent était toujours fort et nos frêles canots étaient mal calés sur le sein turbulent du fleuve.

Padre Felipe, Barbara et moi, avec deux Indiens, avons rempli la plus petite des deux piraguas ; l'autre contenait cinq Indiens et un magasin de provisions pour le voyage.

Le ciel de l'après-midi n'était qu'une obscurité venteuse ; des nuages blancs roulaient au-dessus de nous en plis ondulants, et des écharpes de brume en lambeaux traînaient plus bas encore et semblaient presque accrocher leurs franges sur les branches les plus hautes de la forêt. Près de la berge protectrice de la rivière, nos canoës légers filaient à toute vitesse, se frayant un chemin à travers les eaux grises. Les équipages à la peau sombre se penchaient silencieusement vers la pagaie, les muscles tendus dans leurs bras maigres et bruns, et toujours, les visages impassibles fixés sur le courant bouillonnant ou sur les rivages volant rapidement.

L'obscurité s'approfondissait lentement avec l'arrivée de la nuit. Les eaux s'assombrirent, la forêt sombre devint noire et vague. Enfin, à mes yeux, il semblait que les ombres flottantes dans le ciel, le ruisseau d'encre et tourbillonnant et les rivages mystérieux se fondaient dans un minuit impénétrable omniprésent. Je ne pouvais pas réaliser que nous déménagions ; il semblait plutôt que nous seuls étions immobiles, tandis que sur nous et autour de nous les esprits de la nuit passaient. J'ai senti le vent d'ailes invisibles soulever mes cheveux ; J'ai entendu les éclaboussures et les gargouillis d'étranges créatures qui nageaient. Avec mes mains serrées sur le bras de Barbara et mes yeux écarquillés regardant dans le néant, j'attendais qu'un son humain brise le silence palpitant.

Finalement, le père parla. Il posa quelques questions en langue indienne. L'un des rameurs grogna en réponse, et les rapides coups de pagaie cessèrent brusquement. Puis un signal fut donné à l'autre canot, et après quelques discussions supplémentaires, je sentis que nous approchions du rivage. Il y eut un bruit de raclement et de discorde, suivi d'un léger piétinement de pieds sur une berge marécageuse ; puis une main m'a attiré et m'a guidé jusqu'à l'atterrissage.

"La marée tourne trop fort contre nous", a expliqué la voix du Padre Felipe. "Nous allons nous reposer une heure ou deux et attendre que ça tourne."

Ils allumèrent un feu d'une manière ou d'une autre et étendirent une couverture sur le sol humide. Je me souviens que Barbara et moi nous y sommes étendus et que j'ai posé ma tête contre l' épaule de la dame, — puis la lassitude m'a envahi.

Il me sembla que l'instant d'après j'étais réveillé ; mais le feu était éteint et quelques étoiles pâles brillaient dans le ciel. Un calme étrange régnait lorsque nous rembarquâmes ; car le vent était tombé et tout l'aspect de la nuit avait changé. Tout autour de nous, un ciel faiblement lumineux s'élevait au-dessus de la ligne d'horizon dense, et le large sein de la rivière pâlissait jusqu'à prendre la teinte du plomb fondu. Les cieux devenaient encore plus brillants ; les nuages minces s'écartèrent et le croissant d'une lune décroissante répandit sur nous sa gloire. Et maintenant nos sombres piraguas filaient à la surface d'un ruisseau argenté, et chaque pale de pagaie dégoulinait de diamants.

C'est un fleuve noble, ce San Juan, avec ses larges courbes et ses courbes. Parfois, il s'élargit jusqu'à devenir un lac et s'enfonce de nouveau dans les rives comme si ses eaux remplissaient l'empreinte d'une main géante qui, dans le passé, s'était appuyée lourdement, les doigts écartés, sur le sol mouvant. Aidé par le fort courant, nous avons glissé aussi vite que les heures qui passaient. Nos visages étaient désormais tournés vers l'est et j'attendais, essoufflé, que le jour se réveille.

Il y eut une lente séparation du ciel vaporeux, comme si les doigts roses de Dawn écartaient les rideaux de son canapé ; puis vint une lueur de cheveux dorés qui glissèrent sur ses oreillers duveteux. Un long soupir parcourut le monde silencieux, et avec un soudain éblouissement nous vîmes...

        — « les paupières qui s'ouvrent du matin ».

Du sud-ouest un vent frais se leva et balaya le ciel bleu ; et, avec les premiers rayons du soleil scintillant sur les ondulations de la marée, les canots se sont précipités vers l'embouchure de la rivière. Un héron s'est envolé des marais tout à coup et a navigué au-dessus de nos têtes sur ses fortes ailes blanches. Alors que je le regardais plonger hors de vue dans la rivière bien au-delà de nous , j'ai aperçu une autre aile brillante qui se déployait lentement vers le ciel.

En touchant le bras du padre, je l'ai montré du doigt.

"Un voilier!" il a dit.

Nos canots cherchèrent rapidement la courbe du rivage et se glissèrent avec prudence vers le navire inconnu.

« Ce ne peut guère être le navire Habana, » murmura le padre, « car la *Virgen de la Mar* était à l'ancre dans le port lorsque nous avons quitté San Augustin, et avant le matin la tempête s'était levée, de sorte qu'elle ne se serait guère aventurée en mer. ".

"Il y a d'autres navires transportant des voiles qui font la navette entre le fort et ces îles côtières. Nous sommes venus de Santa Catalina à bord de l'un d'eux", murmurai-je.

"Oui," dit le padre, "mais c'est trop grand." Il s'arrêta quelques instants, puis ajouta : « Voyez-vous les longues lignes droites de sa coque et la poupe carrée ? Ce n'est pas une galère espagnole, mais une frégate de construction anglaise.

"'C'est la *Caroline* !" Je m'écriai : "C'est la *Caroline* !"

"Oh ! le bienheureux navire anglais !" sanglota la bonne dame.

Alors toutes les énergies se tournèrent vers elle, car il était évident qu'elle s'apprêtait à quitter son mouillage.

"Si seulement nous pouvions faire signe à ceux qui sont à bord !" J'ai pleuré. — Lâchez votre foulard, Barbara, et agitez-le... agitez-le au soleil !

"Nous sommes trop près du rivage", dit le père. "Elle peut à peine nous distinguer jusqu'à ce que nous soyons à découvert."

"Mais comme nous pouvons clairement apercevoir son équipage ! Et voir l'agitation sur les ponts... ne lèvent-ils pas l'ancre ? Oh, Padre Felipe !" J'ai crié pitoyablement : « Faites-leur signe ! faites-leur signe ! ou ils nous quitteront après tout !

Le frère se leva avec précaution ; lui aussi était profondément heureux de cette chance de se débarrasser de ses charges, et n'avait aucune intention de la laisser passer. Avec le foulard blanc de Barbara à la main , il était sur le point de faire un nouvel effort pour attirer l'attention du *Carolina* , quand soudain il jeta un coup d'œil par-dessus son épaule vers la terre, sa main tomba rapidement sur son côté et il se laissa retomber sur son siège avec un exclamation de consternation.

L'un des Indiens se leva immédiatement et, les yeux ombragés, regarda la plage qui s'étendait vers le sud jusqu'à San Augustin. Il poussa un grognement d'acquiescement et s'assit, et le mouvement des pagaies cessa.

"Qu'as-tu vu?" J'ai pleuré de douleur, luttant également pour me relever.

Nous étions si près de l'embouchure de la rivière, presque sur les vagues bleues de l'océan qui se déroulaient vers l'est brillant ! Sous le vent de la rive nord se trouvait le navire anglais ; et au sud de nous, la côte étendait sa ligne étincelante de plage de sable, jusqu'à la prison que nous avions quittée. Mais quelles étaient ces formes sombres qui envahissaient le sable ?

"Nous sommes trop tard!" murmura le frère espagnol. "En découvrant votre fuite, ils n'ont pas attendu que le temps soit calme sur un voilier rapide, comme je l'avais pensé, mais ils ont envoyé une équipe de recherche à pied pour vous rattraper dès le début."

"Mais nous devons atteindre le *Carolina* avant leur arrivée, Padre !"

"Cela peut être fait, assez facilement", répondit-il, "mais que ferons-nous, moi et mes partisans, si nous sommes vus ? Ma fille, j'ai trop en jeu ! J'ai choisi de ne pas encourir la colère du gouverneur. Il est peu probable que cela ils nous relient à votre disparition, car Doña Orosia a juré de me protéger dans cette affaire. J'ai fait tout ce que j'ai pu. C'est jusqu'ici et pas plus loin. Mais vous pouvez encore vous échapper ; ce n'est qu'à une petite distance du navire ; prenez prenez les pagaies et dirigez-vous vers cette destination. »

Tout en parlant , il descendit de notre canot et se dirigea vers le plus grand qui s'était rapproché de nous, et les deux Indiens le suivirent.

"Padre ! oh, Padre ! Ne me quitte pas, ne m'abandonne pas !"

Ils ne prêtèrent aucune attention à mon appel, sauf pour donner une forte poussée à notre canot qui l'envoya vers le milieu du courant ; puis, saisissant leurs pagaies, d'un coup rapide ils envoyèrent leur propre piragua remonter la rivière à toute vitesse.

Tout était passé si vite, si soudainement nos espoirs avaient été détruits ! Barbara et moi avions été projetés en avant par l'élan donné à notre frêle bateau, et nous nous sommes recroquevillés en silence pendant un moment. Le courant nous entraînait toujours vers l'extérieur ; mais à chaque seconde notre mouvement se ralentissait : nous n'atteindrions jamais le navire sans quelque effort de notre part.

Je saisis une pagaie et travaillai vigoureusement ; mais le bateau léger ne faisait que tourner en rond.

« Barbara ! » J'ai crié : "prends l'autre pagaie et travaille avec moi. Je ne peux rien faire tout seul !"

La dame m'obéit en sanglotant et en priant à voix basse ; mais nous en avons fait un triste travail.

J'ai regardé vers la côte et j'ai pu voir nos poursuivants se rapprocher de plus en plus ; ils ne nous avaient pas encore aperçus, mais dans un instant ils ne pourraient manquer de le faire. Alors qu'ils s'approchaient encore, chevauchant son gris pommelé au milieu d'eux, j'ai reconnu Melinza ! Avec lui étaient une troupe de soldats espagnols — je voyais le soleil briller sur leurs bras — et une vingtaine d'Indiens à moitié nus, qui pourraient si facilement nager et nous ramener à terre !

"Ils nous voient ! Maîtresse Margaret, ils nous voient !" cria Barbara.

"Oh ! pas encore, madame, pas encore !" J'ai gémi en maniant sauvagement la pagaie.

"Les Anglais, mon agneau, les Anglais nous voient ! Regardez, ils mettent un bateau hors du navire !"

C'était vrai; mais avant que je puisse prononcer un « Dieu merci ! » un cri venant du rivage nous apprit que ces démons nous avaient vus aussi. Barbara aurait laissé tomber sa pagaie de désespoir, mais je lui ai ordonné sévèrement de faire tout ce qu'elle pouvait. Quant à moi, je plongeais ma lame tantôt d'un côté, tantôt de l'autre ; le truc m'était venu comme une inspiration ; mes doigts resserrèrent leur emprise et mes bras travaillèrent avec la force née d'une grande terreur.

Nos poursuivants avaient atteint la rive du fleuve, et un essaim de formes sombres se jeta maintenant dans le ruisseau. Mais la chaloupe de la frégate s'avança rapidement vers nous ; J'ai vu des visages anglais blancs et j'ai entendu des cris d'encouragement dans ma langue maternelle.

Puis une volée de mousqueterie retentit depuis la terre. Instantanément, la frégate répondit ; ses lourds canons tonnaient et la fumée blanche l'enveloppait comme un nuage. Mais tous les tirs échouèrent.

Plus près se rapprochait la chaloupe, mais plus près encore se trouvait le premier nageur. J'ai vu ses bras bruns fendre la marée claire, j'ai vu les globes oculaires blancs briller dans son visage sombre. Amis et ennemis étaient maintenant si proches les uns des autres que, depuis le rivage, il était impossible de les distinguer ; les coups de feu avaient donc cessé, et à leur place retentissaient des jurons sauvages et des cris sauvages. Une main brune et musclée sortit de l'eau et saisit le bord de notre frêle canot, le faisant basculer largement. La secousse soudaine détruisit mon équilibre et, en un instant , je sentis les eaux se refermer au-dessus de ma tête.

Des mains fortes m'ont saisi alors que je me relevais et je me suis battu avec acharnement ; car je pensais que l'Indien me tenait dans ses bras, et j'ai préféré mourir. Mais ma faible force fut vaincue, et je fus soulevé – oui, Dieu merci ! – soulevé dans le bateau anglais, et maître Collins essuya l'eau de mon visage.

Je les ai vus entraîner la dame aussi, puis j'ai fermé les yeux. Je ne m'évanouis pas, — jamais de ma vie je n'avais été aussi vivant ; mais la lumière du soleil et le ciel bleu étaient trop brillants pour moi.

Je ne peux pas dire grand-chose de ce qui a suivi. Il y eut encore quelques coups de feu, et l'un des marins anglais laissa tomber son aviron et leva une main ensanglantée. Je cherchai mon foulard pour le lui lier, mais je ne le trouvai pas. Et puis, j'ai levé les yeux et j'ai vu le *Carolina* près de nous. Des acclamations retentissantes sont montées au ciel et des mains aimables m'ont élevé sur le pont. Le visage hâlé du capitaine Brayne se penchait sur moi et il y avait des larmes dans ses yeux honnêtes.

CHAPITRE XXII.

IL Y avait d'autres femmes sur le navire, et l'une d'elles s'est avancée et m'a emmené dans sa cabine et m'a aidé à me débarrasser de mes vêtements trempés, m'en prêtant d'autres à leur place. J'appris d'elle que le *Carolina* était venu directement de la Barbade , transportant du fret et quelques très peu de passagers, le bruit de notre traitement de la part des Espagnols en dissuadant beaucoup qui autrement auraient osé se rallier à la jeune colonie. Capitaine Brayne portait aussi le double des ordres du Conseil espagnol, qui avaient été expédiés d'Angleterre à la Barbade ; et il avait été chargé par Leurs Seigneuries les Propriétaires de s'arrêter à San Augustin et de réclamer les prisonniers.

Tout cela, ma nouvelle amie m'a dit lors de ses aimables soins. Elle me posa aussi beaucoup de questions sur mon évasion et sur le traitement que j'avais reçu pendant notre longue captivité ; mais j'étais trop épuisé pour répondre longuement à ces questions, et je priai qu'on me laisse un peu de repos. Elle s'en alla alors me chercher une potion apaisante chez le chirurgien du bord ; et je me hâtai de déballer le petit paquet caché dans mon sein, dans lequel était écrit le récit de ma vie de prison. En lissant les pages humides , je pensais à la façon dont je le mettrais dans la main de mon cher amour et lui laisserais lire tout ce que ma langue ne pourrait jamais lui dire !

J'ai dormi quelques heures et je me suis réveillé reposé. Puis est arrivé un message du capitaine me demandant si je voulais le voir. J'avais hâte de sortir pour plusieurs raisons, la principale étant mon désir de revoir celui dont j'avais été séparé si longtemps ; c'était son visage que je cherchais en premier parmi les nombreux visages familiers qui se pressaient autour de moi. Outre le capitaine Brayne , j'ai reconnu d'autres officiers du *Carolina* comme ceux-là mêmes avec lesquels j'avais navigué depuis les Downs il y a près de deux ans. Tous mes codétenus, sauf un, m'ont accueilli avec joie et gentillesse. Mais ce visage manquant, où était-il ?

C'était sur ma langue de demander M. Rivers ; puis, tout d'un coup, j'ai compris *comment* nous nous étions séparés. Donc! et il me croyait toujours, cette chose que je m'étais montrée. Il avait nourri ses doutes pendant deux jours et deux nuits entières, et maintenant il ne voulait même plus s'avancer pour me toucher la main et me souhaiter la joie de ma fuite. Il me semblait surprendre des regards de pitié passant entre les spectateurs. Ont-ils attendu de voir comment Margaret Tudor supporterait l'apathie de son amant ? Une servante abandonnée !

Il y avait une brume devant mes yeux ; mais j'ai souri et dit de petits mots de remerciement gracieux à chacun d'eux, et j'ai souhaité dans mon cœur que j'étais mort. Oh mon amour! tous les doutes que vous avez pu avoir à mon sujet ont été pleinement récompensés par ce moment cruel. Je me suis souvenu de certains des discours durs que j'avais entendus de la part de l'Espagnole aigrie, et j'ai pensé en moi-même : Tous les hommes sont faits selon le même modèle !

Le capitaine Brayne , maître Collins et le bon vieux capitaine Baulk des *Trois Frères* étaient en conversation sérieuse depuis quelques instants ; et maintenant le commandant *du Carolina* s'est approché de moi et m'a pris doucement par la main, m'entraînant à l'écart.

« Maîtresse Margaret, » dit-il, « il y en a une à bord de ce navire pour qui votre venue pourrait signifier la vie au lieu de la mort. Il est très malade, si malade que nous avons désespéré de lui jusqu'à présent, et un nom est toujours sur son nom. lèvres. Êtes-vous trop faible et dérangée, ma chère demoiselle, pour m'accompagner à son lit de malade ?

C'est ainsi que la vérité m'est venue. Je ne peux pas écrire ce que j'ai ressenti.

"Emmène-moi vers lui", dis-je.

Il gisait dans sa couchette ; ses grands yeux étaient allumés par la fièvre, et il parlait sans arrêt, tantôt à voix basse, tantôt avec un fier défi dans sa voix rauque.

"Dieu sait ce que les diables lui ont fait", murmura Henry Brayne . "Il était autrefois une véritable figure d'homme; mais la famine et les mauvais traitements l'ont réduit à l'ombre!"

Oui, mais une ombre avec un chagrin rongeant en son cœur.

" Vous pouvez me narguer, Señor de Melinza , " murmura la voix brisée, " vous pouvez me narguer avec mon impuissance. Je ne peux pas briser ces liens, il est vrai ; mais vous ne pouvez pas non plus rompre ceux qui m'attachent l'amour d'un véritable servante anglaise... C'est un mensonge immonde, Don Pedro, et je vous l'ai jeté entre les dents !... Frapper un prisonnier sans défense ? Faites-le, et vous n'ajoutez qu'un autre acte noir à la longue partition qui s'oppose au nom de l'Espagnol. Un jour, le compte viendra, señor ... J'ose risquer mon âme là-dessus !... Je ne le croirai pas ; non ! pas sur votre serment, Don Pedro !... Margaret, Margaret " Dis-lui qu'il ment, chère dame !... Au nom de Dieu, parle, chérie ! " Et même si je m'agenouillais à côté de lui et l'appelais encore et encore, il restait sourd à ma voix et me laissait passer ses mains faibles, criant sans cesse : « Margaret ! Margaret ! jusqu'à ce que je pensais que mon cœur allait se briser.

Oh! la terreur de ce nouveau geôlier – la terrible Maladie – qui le tenait sous son emprise tandis que la Mort se cachait sinistrement en arrière-plan ! Car aucune de mes ruses ni de mes flatteries ne pourraient les émouvoir ou perdre leur emprise sur la vie qui m'est la plus chère. Quand il n'y avait plus que des hommes à gérer, ma foi m'a fait défaut et j'ai arrêté de prier ; maintenant, c'était ma punition que seule la miséricorde de Dieu pouvait libérer mon cher amour , et il pourrait avoir plaisir à le perdre dans un autre monde et à me laisser encore sur terre pour pleurer sa perte.

Alors que, heure après heure, j'écoutais ses délires, une compréhension plus profonde des horreurs de sa longue captivité a commencé à grandir en moi. Je pouvais à peine m'empêcher de crier en pensant à la façon dont j'avais touché la main de cet ignoble Espagnol, et j'écoutais en souriant quand il me parlait d'amour.

Comme la haine est une chose terrible ! Dieu me pardonne, mais je crois qu'il y en a un peu dans mon cœur. Pourtant, maintenant que la fièvre s'est calmée et que mon bien-aimé revient vers moi du bord même de la tombe, je prie pour pouvoir pardonner à mon ennemi, tout comme Dieu dans sa clémence m'a pardonné !

———————————

Il me connaît enfin. C'était il y a quelques heures. J'étais penché sur lui et une lumière de reconnaissance s'est allumée dans ses yeux.

"Margaret ! *Margaret !* c'est *toi* ? Je rêvais tout à l'heure... que... que tu m'avais trompé !"

"Vraiment, cher amour ?" J'ai répondu. "Alors oublie ça et repose-toi ; car maintenant la fièvre et les rêves sont passés."

Il m'a souri et s'est endormi comme un petit enfant.

———————————

Dans les longues heures que j'ai regardé à côté de lui, j'ai écrit ces dernières pages de mon histoire ; et un jour, quand il sera réveillé et assez fort pour supporter la vérité, je les mettrai tous entre ses mains et le laisserai seul ici. Et je pense que lorsqu'il les aura lus jusqu'au bout, il discernera – entre les lignes – plus de choses sur mon cœur que je n'ai de mots à dire.